김정일 앞에서 노무현은 이렇게 말했다!

逆賊 역적 모의

NLL 포기 · 北核 비호 · 反美공조 · 차기 정부에 쐐기박기

趙甲濟

조갑제닷컴

머 / 리 / 글

"惡은 스스로를 드러낸다"

　이 책을 읽은 독자들은 하나의 의문을 갖게 될 것이다. 휴전선 以南(이남)에선 그렇게 膽大(담대)하고 끈질겼던 김대중, 노무현 씨가 왜 김정일 앞에만 서면 그렇게나 고분고분해지고 굴종적으로 변하였을까?
　첫째, 김정일은 任期(임기) 없는 독재자였고 두 한국 대통령은 임기가 있는 사람이란 차이가 크다. 월급쟁이 사장이 오너 앞에 서는 것과 비슷하다.
　둘째, 임기제 대통령이 임기 없는 독재자를 상대로 임기 중에 뭘 만들어내어 이득을 취하겠다고 초조해하는 순간 불리해진다. 私心(사심)이 介在(개재)되면 당당해질 수 없다.
　셋째, 김대중·노무현의 좌경적 가치관은 從北(종북)성향을 가질 수밖에 없고, 김정일은 한반도 좌경세력의 사령탑이므로 자연히 그 앞에서 위축된다.

넷째, 노무현의 경우 주변 참모들이 본인보다 더 좌경적이어서 그 영향을 받았을지 모른다.

김대중 정권은 鄭夢憲(정몽헌)의 현대그룹을 앞세워 김정일의 해외 비자금 계좌로 4억 5000만 달러를 보내 제1차 평양회담을 매수하였다. 김정일은 김대중의 약점을 잡고 6·15선언이란 對南(대남)공산화 전략 문서를 들이밀었고, 김대중은 서명하였다. 稀代(희대)의 '반역문서'가 탄생한 것이다.

'6·15 계승자' 노무현은 또 다시 평양의 김정일을 찾아가 대한민국의 심장과 뇌수에 대못을 박는 10·4선언을 했다. 我軍(아군)의 최고사령관이, 교전 중인 敵軍(적군)을 상대로 김대중·노무현처럼 노골적인 반역을 한 경우는 세계사에 類例(유례)가 없다. 형법 제93조의 與敵罪

〈여적죄〉는 이 두 사람을 위하여 만든 것 같다. 그래도 대한민국이 망하지 않은 것은 60여 년 동안 정착시킨 자유민주주의의 뿌리가 예상 외로 깊었던 덕분이다.

　논란이 된 2007년 10월의 노무현-김정일 회담록을 읽어본 이들은 한결같이 "국가의 품위를 해치는 수준", "노무현은 저자세의 보고자이고, 김정일은 고자세의 지시자 같았다"고 말한다. 6·15선언은 김대중과 김정일이 연방제 공산화 통일 방안에 사실상 공식 합의한 것이고, 그 막후에선 주한미군 중립화에 의한 無力化(무력화)를 密約(밀약)하였다. 10·4선언은 6·15선언을 한층 심화시켜 실천방안으로 만들었다. 대한민국의 생명선인 서해 NLL의 無力化 합의를 '공동어로 水域(수역)' 등의 위장명칭으로 포장하였다. 나는 鄭文憲 의원의 폭로 직후 이 사건의 중대성을 감지하고 노무현-김정일 대화록 내용을 추적, 공개했다. 〈월간조선〉 2013년 2월호는 국정원이 작성한 대화록 요약본을 입수하였다. 검찰도 고발사건 조사에서 鄭 의원의 주장이 사실에 부합한다는 판단을 했다. 그래도 민주당에서 음모론을 제기하자 국정원은 요약본을 국회 정보위원회에 제출했고 새누리당 의원들이 열람, 기자들에게 알렸다.

  사실, 대화록보다 더 충격적인 건 2008년 10월1일 있었던 노무현의 강연이다. 작년 가을에 나왔던 이 책에 강연록을 추가하기로 한 것은 그 내용이 노무현의 반역성을 스스로 드러내기 때문이다. "惡은 스스로를 드러낸다"는 셰익스피어 연구가의 말이 생각난다.

2013년 6월

趙甲濟

차 / 례

머리글　"惡은 스스로를 드러낸다"　6

1장　13

뇌물로 얼룩진 김대중-김정일 회담 幕後
김은성 국정원 前 차장의 증언
"수금이 다 안되었다고 김대중 訪北을 지연시켰다"

2장　37

김대중-김정일의 '주한미군 中立化[無力化]' 밀약의 전모
김대중은 '김정일이 주한미군의 통일 후 주둔까지 인정했다'고 했으나
그 '주한미군'은 지금의 주한미군이 아니다

3장　57

'鄭文憲 의원 폭로' 검증
NLL 포기 · 北核 비호 · 쐐기박기 · 反美발언

4장　75

확인취재 · '노무현-김정일 대화록'의 핵심 내용은 이렇다!
"너무 창피하고 화가 나서 다 읽을 수가 없었다"

5장　　　　　　　　　　　　　　　　　　　　　　　　　93

月刊朝鮮이 입수·공개한 盧-金 대화록 발췌본

6장　　　　　　　　　　　　　　　　　　　　　　　　107

노무현 강연록의 자기 폭로
뒤틀린 善惡·彼我 분별

7장　　　　　　　　　　　　　　　　　　　　　　　　151

西海 NLL 반역 秘史
김대중의 '먼저 쏘지 말라'는 지시는 참수리호를 희생물로 바쳤다

8장　　　　　　　　　　　　　　　　　　　　　　　　169

국민행동본부의 노무현 대통령 국가반역 혐의 고발장(全文)

1

뇌물로 얼룩진 김대중-김정일 회담 幕後
金銀星 국정원 前 차장의 증언
"수금이 다 안 되었다고 김대중 訪北을 지연시켰다"

뇌물로 얼룩진
김대중—김정일 회담 幕後
金銀星 국정원 前 차장의 증언

北, "돈을 보내지 않으면 정상회담을 하지 않겠다"

金大中(김대중) 정부 때 국가정보원 국내담당 차장이었던 金銀星(김은성) 씨는 〈조갑제닷컴〉에 자주 안보 관련 글을 써 올린다. 2011년 12월30일 그는 독재자 金正日(김정일) 사망 후의 남북한 정세를 분석, '保守(보수)는 둥지에서 뛰쳐나와 核(핵)개발도 고려해야'라는 제목의 글을 썼다. 필자는 읽다가 흥미로운 대목을 발견했다.

〈퍼주기식 원조가 저들을 상전으로 만들었다. 북한은 김대중 前 대통령의 訪北(방북) 하루 전에 돈을 보내지 않으면 정상회담을 하지 않겠다는 電文(전문)을 보냈다. 이런 억지가 어디 있는가? 결국 경호와 통신기기 보완을 구실로 방북 일정을 하루 연기했

- 국정원이 중국은행 내 김정일 비자금 계좌로 보낸 네 번째 돈(4500만 달러)이 기재 착오로 송금 차질을 빚다
- "6월10일 오전, 북측에서 보낸 방북 거절 電文(전문)을 본 임동원 국정원장이 긴급회의를 소집하였다. 나도 전문을 읽었다"
- '기술적 문제'로 연기되었다는 정부 발표 뒤집는 證言(증언)
- 김정일, '김일성 屍身 참배하지 않으려면 들어오지 말라'고도 협박
- 김정일, 회담장에서 김대중에게 '이제 그만 돌아가라'고 압박
- 김정일과 김대중이 공모, 대한민국 희생시킨 회담
- 組暴(조폭)이나 밀수꾼들의 흥정 같았던 비밀접촉

다고 언론을 통해 발표했다. 앞으로 북한에 대한 모든 지원은 반드시 반대급부가 있도록 해야 한다. 식량을 직접 북한 당국에 인도하면 주민통제를 위한 배급용으로 이용하거나 옥수수로 바꿔 주민들에게 나눠 준다. 배급제도를 해체시켜 시장경제를 활성화시켜야 한다. 모든 물자에 대하여는 차관 형식을 밟아 지하자원 등의 現物(현물)상환이라도 반드시 받아내야 한다. 이래야만 그들에게 책임감을 주고 통일자금을 쌓아 나갈 수 있다〉

'북한은 김대중 前 대통령의 방북 하루 전에 돈을 보내지 않으면 정상회담을 하지 않겠다는 전문을 보냈다'는 문장이 나를 긴장시켰다. 정부 발표를 부정하는 내용이기 때문이었다. 김 前 차장에게 전화를 걸어 설명을 들었다. 김 씨는 이 문장의 엄청난 의미를 잘 모르

는 듯 강조점 없이 평이하게 설명했다. 다음 날 그를 찾아가 만났다.

"돈 다 보낼 때까지 들어오지 말라"

"그날이 2000년 6월10일인데, 김대중 대통령이 김정일을 만나러 방북하기로 한 6월12일(월요일) 전 토요일이었습니다. 6월10일은 국정원 창설 기념일이어서 직원들은 오전에 운동장에서 체육대회를 했고, 저는 오후에 골프를 쳤으므로 기억이 또렷합니다. 체육대회가 열리고 있던 운동장 스탠드엔 林東源(임동원) 국정원장, 權鎭鎬(권진호) 해외담당 차장, 그리고 국내담당 차장이던 제가 앉아 있었습니다.

오전 10시30분쯤이었습니다. 운동장을 가로질러 金保鉉(김보현) 제5국장이 황급히 우리한테 왔어요. 그는 김대중-김정일 회담 준비업무를 맡고 있었습니다. 김 국장이 문서 한 장을 임 원장에게 건네면서 당황한 말투로 '정상회담 못 하겠다고 합니다'는 취지의 이야기를 한 것 같습니다.

원장도 문서를 읽더니 안색이 변해요. 일어서면서 '차장들 갑시다'라고 했습니다. 우리는 본청 원장실로 옮겼습니다. 여기서 원장이 한 페이지짜리 문서를 회람시켰습니다. 北에서 보낸 電文이었는데, 두 문장 정도 되었습니다. '나머지 돈을 다 줄 때까지 회담을 연기한다'는 내용이었습니다. 요컨대 收金(수금)이 완료되지 않았으니 평양에 올 수 없다는 협박조 글이었습니다. 임동원 원장은 당황하기도 하고 화도 난 표정이었는데, 권 차장과 저에게 '좋은 아이디어가 없느냐'고 했습니다. 남북회담을 여러 차례 치르면서 경험한 前例(전례)가 있어제가 이렇게 이야기했습니다.

'북측에서 경호와 통신문제로 회담연기를 요청해 왔다고 발표하면 안 될까요.'

북한과 회담할 때 늘 문제가 되는 게 경호와 통신이었거든요. 임원장도 좋은 생각이라고 했어요. 한 15분 요담한 뒤 우리는 헤어졌습니다. 아마 그날 우리가 북측과 급하게 협의하여 이 문제를 해결했을 거예요."

김대중 회고록에도 정상회담 연기이유 제대로 안 밝혀

일요일이던 2000년 6월11일 오전 청와대 朴晙瑩(박준영) 대변인은 "남북정상회담이 6월12~14일에서 13~15일로 하루 연기됐다"고 발표했다. "북한에서 준비가 덜 됐다는 이유로 연기를 요청해 왔기 때문"이라는 설명이었다. 김정일은 그러나 방북 첫날인 6월13일 평양 백화원 초대소에 머물던 김대중 대통령을 찾아가 만난 자리에서 "外信(외신)들은 미처 우리가 준비를 못해 (김 대통령을 하루 동안) 못 오게 했다고 하는데 사실이 아니다"고 말했다. 김은성 前 차장의 증언은 정부 발표와 청와대 측의 설명을 뒤엎는 것이다. 김대중은 회고록에서 평양 방문이 하루 연기된 이유를 이렇게 설명했다.

〈그런데 놀연 북에서 평양 방문을 하루 연기해 달라고 요청했다. 10일 對南(대남)통신문을 보냈다.

"기술적 준비관계로 불가피하게 하루 늦춰 13~15일 2박3일 일

정으로 김 대통령님이 평양을 방문토록 변경해 줄 것을 요청합니다."〉

당시 對共(대공)실장 김은성 씨가 보았다는 전문 내용엔 물론 그런 내용이 없었다. '하루 연기'가 아니라 '나머지 돈을 다 보낼 때까지 연기한다'는 엄포였다고 한다. 김대중-김정일 회담의 핵심 사안에 대한 김대중의 증언은 그동안 너무나 사실과 다른 점이 많다. 평양회담 준비에 핵심적으로 관여했던 다른 국정원 간부도 "연기 사유가 돈 문제였다"고 확인해 주었다.

10일 오전 '방북 불가' 통보를 받은 국정원 측이 송금에 차질을 빚은 점에 대하여 북한 측에 설명하고, '은행이 문을 여는 12일 중에 나머지를 송금할 것이니 하루만 연기하자'고 설득, 북측이 그날 오후에 다시 김대중 회고록에 나오는 그런 내용의 대남전문을 보냈을 가능성은 있다.

김대중 정부와 현대그룹이 평양회담 이전에 김정일에게 送金(송금)하기로 약속했던 4억 5000만 달러를 다 받지 못했으니 '들어오지 말라'는 통보를 했다면, 떳떳하지 못한 비밀거래를 연상시킨다. 김은성 씨 주장대로 수금 차질로 회담이 연기된 것이라면 김대중-김정일 회담의 본질적 성격은 '정상회담 구걸 행위'로 규정할 수 있다.

국정원이 送金責

2003년 6월23일, '남북정상회담 관련 대북비밀송금 의혹사건 등의 진상규명을 위한 특별검사' 이○○씨는 현대그룹 鄭夢憲(정몽헌) 회장을 불러 송금 과정을 캐물었다.

- **문(검사)**: 북측에 4억 5000만 달러를 어떤 방법으로 지급하기로 했는가요.
- **답(정몽헌)**: 2000년 5월23일부터 25일까지 금강산에서 부두기공식이 있어서 저와 김윤규 사장이 참석을 했는데, 이때 亞太(아태)위원회 재정담당이라고 하는 사람이 저를 찾아와 부위원장의 심부름이라고 하면서 봉투 하나를 건네주었는데 봉투 안에 '돈자리(계좌번호)'라고 적힌 몇 장의 서류가 들어 있었습니다. 5월 중순에 제가 박지원 장관을 만나서 정부가 부담하여야 할 1억 달러를 현대가 대신 부담하기로 했기 때문에 아태 재정담당에게 우리가 4억 5000만 달러를 전부 송금하겠다는 말을 부위원장에게 전해 주도록 부탁했습니다. 저는 북측으로부터 받아 온 서류 봉투를 보관하고 있다가 6월1일 해외 출국을 하면서 김윤규 사장을 불러 各社(각사) 사장들에게 전해 줘서 송금이 이루어질 수 있도록 하라고 지시를 했습니다.

여러 관련자들을 조사해 많이 알고 있는 이 검사는, 정몽헌 씨에게 이렇게 정리해 준다.

"대북송금 과정을 보면 현대건설과 현대전자는 해외에서 자금을 북한측 계좌로 송금한 것으로 확인되고, 현대상선만이 국내

은행으로부터 자금을 대출받아 송금했습니다. 현대상선이 조달한 2억 달러의 송금과정을 보면 국정원이 송금의 주체인 것으로 하면서 국정원 직원의 개인 實名(실명)을 이용했으며, 미국 등 북한과 敵對(적대)관계에 있는 국가에 자금이동이 노출될 것을 염려하여 자금 흐름이 파악되지 않도록 하면서 6월9일 중으로 송금되도록 국정원과 관계은행인 외환은행의 긴밀한 협조까지 있었던 것으로 확인됩니다. 현대상선은 6월7일 이미 4000억 원을 (산업은행으로부터) 대출받음으로써 송금 준비가 완료되었음에도 불구하고, 6월9일 오후 2시가 되어서야 국정원에 돈을 건네주어 송금 절차를 밟도록 하여 결국 은행 마감시간이 임박하여 어렵게 송금이 완료되는 등 상당히 급하게 돌아갔던 당시 상황을 확인할 수 있습니다. 북측과의 합의는 6월12일 남북정상회담 전까지 4억 5000만 달러를 지급하기로 하는 내용이었으며, 2000년 6월9일은 금요일로서 해외은행은 토요일 휴무인 관계로 당일 중으로 송금이 완료가 되어야 하고 그 기간 내에 송금이 잘못 처리되었을 경우 정상회담 개최에도 영향을 줄 수 있는 상황이었는데 송금이 잘못된 부분에 대하여 몰랐는가요?"

정 회장은 "남북정상회담이 하루 연기되었다는 사실을 접하고서 저도 송금에 무슨 문제가 있지 않느냐 해서 3개사 사장들에게 확인을 하니까, 모두 차질 없이 보냈다는 보고를 했습니다"라고 했다.

김정일 측 수취인 이름 잘못 써

검사가 다시 "(북측의) 남북정상회담 연기 통보는 6월10일 오후였고, 송금이 잘못된 사실이 확인된 것은 같은 날 오전으로서 이미 차질이 발생했는데 문제가 없다는 보고를 받았다는 말인가요"라고 캐묻는다. 정 회장은, "제가 분명히 상선, 건설, 전자 사장들에게 송금에 문제가 있는지 물었을 때, 모두 아무런 문제가 없다고 했습니다"라고 했다.

검사는 "당시 송금을 담당했던 외환은행은 국정원 쪽으로부터 수취인이 잘못 기재되었다는 사실을 통보받았으며, 현대 김충식 사장도 국정원 직원으로부터 송금이 잘못되었다는 연락을 받았다는 것으로 보아 이 건 송금결과에 대하여는 국정원이 먼저 알고 있었던 것으로 보여진다"고 설명했다.

검사는 이어서 이렇게 묻는다.

"이건 송금이 잘못 처리되었다는 부분에 대하여는 국정원이 내용을 파악하고 신속하게 수습을 시도했지만, 6월10일이 토요일이었던 관계로 6월12일 월요일에야 정정이 될 수 있는 상황이었고, 결국 정상회담은 6월12일보다 하루 늦은 13일에 개최되게 되고, 이는 송금지연에 따른 결과로 보여지는데요. 국정원 직원 명의로 B.O.C (Bank of China) 마카오 지점, 제죄主(주) DAESUNG BANK로 송금한 4500만 달러가 실제 계좌주인 'DAESUNG BANK-2'와 일치하지 않아서 송금처리 되지 않았던 것으로 확인이 되는데 이에 대한 보고가 전혀 없었다는 말인가요?"

정몽헌 회장은 "그런 보고는 전혀 없었습니다"라고 했다. 검사는 다시 〈내일신문〉을 내놓고 묻는다.

"2003년 1월30일자 〈내일신문〉에 정주영 前 현대그룹 명예회장은 '북한 개발권 대가로 2000년 6월 남북정상회담 직전 싱가포르에 있는 북한 측 계좌로 5억 달러를 넣었다'라고 언급하면서, 정 前 명예회장은 남북정상회담이 당초 일정보다 늦어진 것도 '같은 해 6월11일까지 5억 달러 중 4억 달러만 북측에 지급해, 북측에서 김대중 대통령이 들어올 수 없다고 통보했다. 그래서 다음날(6월12일) 김윤규 현대아산 사장이 긴급하게 북경으로 가서 사태를 해결했다'고 밝히고 있는데 어떤가요."
"정 명예회장님이 이렇게까지 자세하게 대북송금 관련 내용을 아시지도 못하셨을 뿐만 아니라, 저는 김충식 사장으로부터 송금이 잘못 처리되었다는 보고를 받은 사실이 없습니다."

검사는 "2000년 6월11일부터 12일까지 김윤규 당시 현대건설 사장 겸 현대아산(주) 사장이 중국을 방문했던 것이 이 문제를 해결하기 위한 것이 아니었는가요"라고 물었다.
정몽헌 회장은, "김윤규 사장이 무슨 일로 중국을 방문했는지는 모르겠습니다. 혹시 이랬을 수는 있습니다. 제가 대통령을 수행하여 평양에 가게 되었기 때문에 중국을 통하여 평양으로 들어올 생각이었는지 모르겠습니다"라고 피했으나 곧 검사의 공격이 들어왔다.

"그러나 6월13일 정상회담이 이루어졌을 때 김윤규 사장은 평양으로 가지 않고서 귀국했던 것을 본다면 그 이유는 아니었던 것 같은데 어떤가요."

정몽헌 회장은 "그 부분은 김윤규 사장에게 확인해 봐야 할 것 같습니다"라고 피했다.

경호 위해 하루 연기?

대북송금사건 특검은 평양회담 준비를 전담한 김보현 당시 국장(나중에 북한담당 차장으로 승진)을 불러 회담 연기 내막을 따졌다. 신문 기록에서 인용한다.

- 문: 진술인은 6월10일 남북정상회담이 하루 연기된 電文(전문)을 받은 사실이 있는가요.
- 답: 6월10일 오후 4시경 국정원 상황실을 통해서 전문을 받아서 알고 있습니다.
- 문: 위 전문을 받은 부서는 진술인이 국장으로 있던 대북(對北) 전략국이 아닌가요.
- 문: 5국이 중심이 된 별도의 상황실에서 전문을 받았습니다.
- 문: 위 전문 내용에 회담이 연기된 사유에 대해 기재가 되어 있었는가요.

- 답: 기술적인 준비관계로 하루 연기한다고 되어 있었습니다.
- 문: 회담이 하루 연기된 실질적인 이유는 무엇인가요.
- 답: 2000년 6월3일 임 원장과 제가 수행원(서○○ 당시 과장)을 대동하고 극비리에 판문점을 통하여 방북을 하여 그날 저녁 김정일 위원장을 만나게 되었는데, 김정일 위원장이, 김 대통령의 신변안전을 확실히 해야 한다. 12일 방북을 하루 앞당기거나 하루 늦추는 방안도 생각해서 혼돈을 주어야 한다고 주장을 하기에 임동원 특사가 일정을 (한 줄 보이지 않음) 고려할 때 하루를 앞당길 수는 없다고 답을 했고 서로 결론을 내지는 아니했습니다. 그리고 6월4일 귀국한 바 있습니다. 그런데 6월10일 연락을 받고 나서 직감적으로 '하루를 늦추는구나'라고 생각을 했습니다.
- 문: 최근까지 이 부분은 알려지지 아니한 부분이지요.
- 답: 임동원과 북측의 김용순 사이에 이 점은 극비에 부치기로 합의된 내용인데 최근 언론 보도로 곤혹스러운 점이 있습니다.
- 문: 연기가 된 실질적인 이유는 송금된 4500만 달러가 계좌번호를 잘못 기재하여 북한 측 계좌에 늦게 입금된 것 때문 아닌가요.
- 답: 관련이 없다고 봅니다〉

"네 개 중 마지막 한 개를 받았다"

김보현 씨와 김은성 씨의 말엔 차이가 있다. 김은성 前 차장은 북측의 회담 연기 통보를 접한 게 국정원 창설 기념 체육대회가 열리고 있던 6월10일 오전이라고 확신하는데 김보현 씨는 그날 오후라고 주장한다. 김보현 씨는 전문 내용도 '수금 차질'이 아니라 '기술적인 준비관계'였다고 했다.

김은성 씨는 전문에 '하루만 연기한다'는 내용은 없었고, '수금이 완료될 때까지 무기 연기한다'는 취지였다고 기억했다. 김대중 정부는 2000년 6월11일 오전 청와대 박준영 대변인을 통하여 '하루 연기'를 발표하도록 했는데, 김은성 前 차장은 10일 중에 남북 당국자가 비밀접촉을 통하여 이 문제의 해결방안에 합의했을 것이라고 분석했다. 特檢(특검)도 김윤규 현대아산 회장의 긴급한 중국 방문이 이와 관련이 있을 것이라 보고 추궁했다.

10일 중 국정원과 현대그룹이 급히 움직여 송금 차질에 대한 북측의 오해를 풀고 은행이 문을 여는 12일에 나머지 돈을 보내겠다고 약속, 그날 오후에 북측이 공식적으로 '하루 연기'를 요청하는 전문을 또 내려보냈고 김보현 국장은 검사에게 그것을 얘기했을 가능성이 있다.

한국 시각 2000년 6월12일 오후 6시, 마카오 현지 시각 오후 5시. 우리 정부의 대북 감청기관은 마카오 주재 북한 조광무역 상사에서 평양 중앙당에 긴급 보고하는 국제전화 내용을 포착했다. 보고자는 조광무역 상사 총지배인 朴紫炳(박자병). 그의 보고 내용은 간단했다. 네 개 중 마지막 한 개를 받았다는 것이다. 송금 차질을 빚었던 4500만 달러가 입금되었다는 표현이었다.

다음 날 김대중 대통령은 평양으로 들어갔다. 이 감청 내용은 대북 송금 사건이 폭로된 2002년 가을 한나라당(現 새누리당)에 유출되었고 〈月刊朝鮮〉이 입수, 보도했다.

김대중 측에 김일성 屍身 참배를 강요

그런데 김대중 대통령은 대북송금 차질뿐 아니라 김일성 屍身(시신) 참배 문제로 북측의 압박을 받고 있었다. 김대중-김정일 회담을 성사시킨 남측의 主役(주역)인 박지원 당시 문화관광부 장관은 2008년 6월 서울대학교에서 한 강연에서 이렇게 말했다.

"정상회담을 위한 방북 전에 마침내 문제가 터졌습니다. 북측에서는 금수산기념궁전(注: 김일성 屍身이 전시된 곳) 참배를 요구했고, 임동원 원장께서 특사로 평양을 다녀오는 등 노력을 했지만 해결되지 않았습니다. 드디어 평양에서는 KBS 등 사전준비팀을 추방하느니 야단이 났습니다.
평양 방문일자도 하루가 연기되었습니다. 특검에서도 밝혀졌지만 일자가 연기된 것은 송금 지연 때문이 아니었습니다. 우리 언론이 항공사진을 이용해 순안공항에서 평양까지의 이동경로를 예측 보도한 것 등의 보안문제와 순안공항의 수리 미비가 이유였습니다.
평양에서는 '금수산기념궁전에 참배하지 않으면 정상회담을 할 수 없고, 올 필요도 없다'고 통보해 왔습니다. 저는 두려웠습니다. 그러나 김대중 대통령은 위기가 오면 더욱 강해지십니다. 저에게 꾸중 한마디 않으시고 6월13일 우리의 평양 착륙을 거부하겠다는 북측의 통보에도 불구하고 '출발하자'고 결정하셨습니다.

서울공항에서 환송식이 열리고 공식 수행원들은 전용기 앞에서 대통령을 기다렸습니다. 그런데 임 원장께서 황급히 서울공항 청사로 들어갔습니다. 대통령께서 도착하셨습니다. 임 원장의 미소가 보였습니다. 대통령께 뭐라고 귓속보고를 했습니다. 다른 분들은 이 사실을 몰랐습니다. 임 원장께서 저에게 '금수산 기념궁전 참배문제는 평양에 와서 논의하자는 북측의 통보를 받았다'고 알려줬습니다. 우선은 안심하고 비행기에 올랐습니다. 모두들 흥분했지만 저는 제정신이 아니었습니다. 이 문제를 어떻게 해결해야 할지 걱정이 태산이었습니다. 저는 북한 상공에 있었지만 북한의 어떤 모습도 보이지 않았습니다."

"무서운 길을 오셨습니다"

박지원 의원의 설명은 그 2년 뒤에 나온 김대중 회고록의 기술과 다르다. 회고록은 북측이 방북을 하루만 연기한다고 통보했다고 썼지, 송금 차질이나 김일성 시신 참배 문제는 언급하지 않았다. 박지원 씨 주장대로 북측이 '들어올 필요가 없다'고 했다면 이는 공갈용이었을 가능성이 있다. 어쨌든 김대중 대통령은 평양에 갈 때 심리적으로 매우 위축된 상태였을 것이다. 그는 국민들을 속이고 현대그룹을 앞세워 4억 5000만 달러(물건까지 포함하면 5억 달러)를 김정일의 해외 비자금 계좌로 보냈다는 부담감, 김일성 시신 참배 요구에 따른 부담감을 안고 갔던 것이다. 김정일은 6월13일 오전 평양에 도착한 김대중 대통령을 자신의 승용차에 태우고 숙소인 백화원 초대소로 안내

한 후 다시 이 곳을 찾아 남측 대표단과 기자들이 보는 가운데 이렇게 말했다.

"인민들한테는 그저께(11일) 밤에 김 대통령의 코스를 대줬습니다. 대통령이 오시면 어떤 코스를 거쳐 백화원 초대소까지 (가는지를) 알려줬습니다. 준비관계를 금방 알려줬기 때문에, 외신들은 미처 우리가 준비를 못해서 (김 대통령을 하루 동안) 못 오게 했다고 하는데 사실이 아닙니다. 인민들은 대단히 반가워하고 있습니다. 여러분들이 와서 보고 알겠지만 부족한 게 뭐가 있습니까."

그 이틀 전 김대중 정부가 북측이 기술적 문제를 들어 방북 연기를 요청했다고 발표한 것을 뒤집는 발언이었다. 김정일은 이 발언으로 김대중 대통령에게 '왜 하루가 늦었는지 알지?' 하는 심리적 압박을 넣으려고 한 것 같기도 하다. 김정일은 이렇게 덧붙였다.

"자랑을 앞세우지 않고 섭섭지 않게 해 드리겠습니다. 외국 수반도 환영하는 데 동방예의지국이라는 도덕을 갖고 있습니다. 동방예의지국을 자랑하고파서 인민들이 많이 나왔습니다. 김 대통령의 용감한 방북에 대해서 인민들이 용감하게 뛰쳐나왔습니다. 장관들도 김 대통령과 동참해 힘든, 두려운, 무서운 길을 오셨습니다. 하지만 공산주의사도 도덕이 있고 우리는 같은 조선민족입니다."

두려운 길을 왔지만 안심하라고? 마피아 두목이 상대를 불러 놓고 을러대고, 갖고 노는 듯한 말투이다.

김정일의 협박

다음 날인 14일 오후 백화원 초대소에서 김대중-김정일 회담이 열렸다. 본격적인 회담이 시작되니 '갑자기 김 위원장의 얼굴에서 웃음기가 사라졌다'고 《김대중 회고록》은 전한다.
이 책에 따르면 김정일은 이런 취지로 말했다.

〈국정원이 김 대통령의 평양방문 사업을 주도하면 동의하지 않았을 것이다. 현대그룹과 亞太委(아태위)가 민간경제 차원에서 잘하고 있어 하기로 한 것이다. 그런데 알고 보니 국정원이 개입하고 임동원 원장이 뒤에서 조종하고 있었다. 그러나 정권이 달라졌고 사람이 달라졌으니 한번 해 보자고 한 것이다〉

선심을 써서 만나 주는 것이란 투의 이야기를 한 뒤 김정일은 '어젯밤 텔레비전을 보고 기분이 상한 게 있다'고 했다. 그는 '흥분한 빛이 역력했다.'

〈남조선 대학가에 인공기가 나부낀 데 대하여 국가보안법 위반이니 사법처리를 하겠다는 겁니다. 이건 뭐, 정상회담에 찬물을 끼얹겠다는 거 아닙니까. 어떻게 그럴 수 있습니까. 대단히 섭섭

한 생각이 들었습니다. 어제 공항에서 봤는데 남측 비행기가 태극기를 달고 왔고, 남측 수행원들이 모두 태극기 배지를 달고 있었지만 우리는 신경을 쓰지 않았습니다. 그래서 제가 많이 생각해 봤어요. 어제 김영남 위원장과 회담하고 만찬 대접도 했으니 헤어지면 되겠다고 말이지요. 그런데 주위에서 만류해서 오늘 제가 나온 것입니다. 《김대중 회고록》中》

한 배석자에 따르면 김정일의 말은 김대중 회고록의 傳言(전언)보다 훨씬 직설적이었다. 그는 "이런 분위기에선 회담을 할 수 없습니다. 대통령께서는 환대를 받으신 걸로 만족하시고 푹 쉬신 뒤에 돌아가시지요. 대통령께서도 만남 자체가 중요하다고 하셨잖습니까"라는 말까지 했다는 것이다.

김정일의 노골적인 협박은 마피아 세계에선 常例(상례)이겠으나 외교 관례상 있을 수 없는 폭언이다. 한국 대통령이 김정일에게, 김일성대학에서 학생들이 태극기를 올려도 이를 벌주어선 안 된다는 이야기를 엄포조로 하는 것과 같다. 더구나 4억 5000만 달러의 뇌물을 먹은 자가 年長者(연장자)에게 그런 말을 했다. 김정일은 협박조의 이야기를 30분간 늘어놓았다. 이런 오만방자한 자세는 김대중의 기를 꺾어 놓으려는 心理戰(심리전)이었을 것이다.

김정일 페이스로 진행된 회담

이 회담에 배석했던 黃源卓(황원탁) 외교안보수석비서관은 그해 6

월30일 재향군인회 주최 강연회에서 이렇게 말했다.

"북측에서 '모든 문제는 두 분 頂上(정상) 간에 만나서 결정하도록 하자'고 해서 사전에 그런 문제들(세부적인 의제)에 대하여는 전혀 논의가 안됐습니다. 그래 가지고 두 분이 만난 자리에서 이야기보따리를 꺼내 놓고 이야기를 하기 시작했기 때문에 상당한 시간이 걸렸고, 또 그만큼 많은 이야기를 할 수가 있었습니다. 저쪽(김정일 측)에서 처음 이야기가 '우리 정상이 55년 만에 처음 만났는데, 全 세계의 이목이 집중되고 7000만 민족의 염원이 여기에 담겨 있습니다. 우리 7000만 민족에게 뭔가 선물을 내놓아야 할 것 같습니다. 그 선물을 큼직하게 내놓아야 되는데, 그 선물은 우리 7000만 민족이 원하는 염원이라는 것, 통일 아닙니까? 통일에 대한 방안을 내놓읍시다. 그 통일방안은 역시 고려연방제입니다' 하고 나왔습니다."

김정일은 여러 가지 방향으로 김대중을 압박했는데 그런 전술의 목적은 중대 문제를 두 사람 사이의 담판으로 몰고 가 결정적 양보를 끌어내려는 것이었다.

북한이 수십 년간 되풀이해 온 이런 방식의 정치적, 총론적 대화를 가장 위험하게 본 것이 역대 한국 정부였다. 그래서 우리는 늘 실천 가능한 것부터 논의한다는 실무적 입장을 견지했는데, 김대중-김정일 회담은 북한식으로 전개되었다.

김정일이 여러모로 김대중을 심리적으로 압박한 것도 이 목적 달성을 용이하게 하기 위한 사전 포석이었을 것이다.

김정일의 '주한미군 주둔 가능'에 얽힌 진실은

김정일이 평양회담에서 노린 것은, '주한미군의 無力化(무력화)', '국가보안법의 死文化(사문화)', '연방제 赤化(적화) 통일방안의 합법화', 즉 대한민국의 총체적 敵前(적전) 무장해제였다.

2000년 6월 평양회담엔 두 가지 합의가 있었다. 하나는 6·15 선언이란 공식적인 합의이고, 다른 하나는 김대중과 김정일이 주한미군의 중립화 내지 무력화에 비공식으로 합의한 것이다. 김대중이 평양회담의 최대 성과라고 자랑한 것이 있다. '김정일 위원장이 주한미군은 통일 후까지 주둔해도 좋다는 말을 했다'는 것이었다. 김정일이 실제로 한 말은 '지금의 주한미군이 북한에 적대적인 태도를 포기한다면 (그리하여 평화유지군처럼 중립화된다면) 있어도 좋다'는 것인데 김대중은 전제조건을 빼 버리고 지금의 주한미군이 계속 주둔해도 좋다고 말한 것처럼 국민들을 속였다.

김정일이 김대중에게 인공기를 올린 대학생 수사를 문제 삼은 것은 국가보안법 死文化(사문화)를 주문한 것이나 다름없다. 국정원과 검찰이 친북세력에 보안법을 적용할 때 핵심적인 포인트는 '反국가단체 고무찬양'과 '연방제 통일 주장'의 범죄였다. 김대중은 (6·15 선언을 통하여) 반국가단체 수괴와 '우리민족끼리의 통일' 원칙과 '연방제-연합제 혼합 방식'의 통일인에 합의함으로써 국가보안법 집행의 근거를 허물었다. 6·15 선언은 명백한 헌법 위반인데, 정치권이 이를 막지 못하니 위헌적인 6·15 선언이 헌법과 보안법 체제 위에 올라타는 형국이 벌어진 것이다.

김정일은 많은 몫을 챙겼다. 4억 5000만 달러의 현금을 뇌물로 받고, 남한의 사상적 敵前(적전) 무장해제라는 목표를 달성했으며, 對北(대북) 퍼주기라는 빨대를 남한에 꽂아 핵무기 개발 자금도 빨아먹었다. 김대중은 '노벨평화상'을 얻었다. 대한민국이 얻은 것은 從北(종북) 득세에 의한 내부 분열 뿐이었다. 평양회담은 김대중, 김정일이 대한민국을 희생시키고 각자 이득을 취한 場(장)이었다.

정상회담은 결국 흥정의 산물

김대중-김정일 회담은 이른바 민족문제와는 너무나 거리가 먼, 처음부터 사욕이 개재된 것이었다. 정몽헌 회장이 이끄는 현대그룹은 금강산 관광 등 대북사업뿐 아니라 국내에서 어려워지는 사업에서 정치적 돌파구를 마련할 필요를 느꼈을 것이다. 현대그룹이 북한 측에 頂上(정상)회담 가능성을 타진하도록 한 창구는 한국계 일본인인 요시다 다케시였다. 요시다와 그 아버지는 일본에서 친북인사로 유명하여 공안기관에서 관찰하고 있는 인물이었다. 일본 정부는 요시다를 활용, 김대중-김정일 회담의 전말을 깊숙이 알고 있었을 것이다.

김정일은 요시다를 통하여 현대그룹에 회담 의사가 있다는 점을 전달했고, 정몽헌 회장은 박지원 문화관광부 장관에게, 박 장관은 김대중 대통령에게 보고, 비밀접촉이 시작되었다. 김정일은 국정원의

前身(전신)인 정보부와 안기부를 두려워하여 비밀 회담에 국정원을 배제할 것을 조건으로 달기도 했다. 김대중 대통령은 대북 접촉을 시작하기 직전에 임동원 국정원장에게 통보했다. 싱가포르에서 시작된 비밀 회담에 국정원은 종속적으로 참여하고 박지원과 현대그룹이 주역이 되는 희한한 구도가 형성되었다. 남북 비밀 접촉자들은 김대중-김정일 회담에서 무엇을 다룰 것인가 하는 본질적 문제는 젖혀두고(북측의 전략은 그런 문제는 김대중-김정일 회담으로 미루는 것이었다) 회담의 대가로 얼마를 줄 것이냐를 놓고 밀고 당기기를 계속했다. 북측은 15억 달러를 불렀고 결국 5억 달러로 낙착되었다. 대북송금 사건 수사기록을 읽으면 이 비밀접촉과 흥정 과정이 생생하게 재구성된다.

최초의 싱가포르 회담장엔 현대그룹 사람들뿐 아니라 일본인 요시다와 김대중 실세들의 금고지기로 알려진 김영완 씨까지 동행했다. 국정원에선 김보현 국장이 참여했다. 정상적인 남북 비밀접촉이라면 북을 가장 잘 아는 국정원 전문가가 회담의 주역이 되어야 하는데, 이 자리에선 하수인 정도로 격하되었다. 북한 정권, 현대그룹, 김대중 정권은 저마다의 利權(이권)과 私慾(사욕)을 이 회담에 투영시켜 대한민국의 정체성, 헌법, 안보를 망가뜨리는 데 공조했다.

김대중 전 대통령은 국민을 여러 번 속였다. 국회와 국민들의 허가도 없이 현대그룹을 앞세워 敵將(적장)에게 4억 5000만 달러를 주었고, 김정일이 주한미군 주둔을 용인하기로 했다고 또 국민들을 호도했으며, 공통점이 없는 남북한의 통일방안이 공통점이 있다고 헌법과 역사를 속여 한국을 김정일이 판 함정으로 끌고 가 빠뜨렸다(6·15 선언). 그는 또 북한 정권을 돕는 대북퍼주기를 북한 주민을 돕는 것이라 해 북한의 핵개발을 사실상 도왔다. 가장 비극적인 결과는 북한 정권이 그렇게 두려워하던 국정원이 김정일의 해외 비자금 계좌로 뇌물을 보내주는 送金責(송금책)으로 전락했다는 점이다.

미국, 평양 상공에 첩보위성 배치

김대중 측은 평양에 가 있으면서도 김정일 측으로부터 김일성 시신 참배 요구를 받았다. 박지원 장관은 참배를 強請(강청)하는 송호경 특사에게 "좋다. 그러면 내가 참배하고 내일 대통령께 장관 사표를 제출하고 베이징을 경유, 귀국해서 구속당하겠다"고 했지만, 송은 막무가내였다고 한다. 박 장관은, "그러면 마지막 제안이다. 한광옥 비서실장과 나 둘이서 참배하고 돌아가서 구속당하겠다"고 했지만 역시 요지부동이었단다. 그렇게 헤어진 뒤 송 특사로부터 다음 날 아침, 즉 6월14일 오전 8시에 아침식사를 하자는 전갈이 와서 만났더니, 송 특사는 그에게 "상부에 보고한 박 장관 선생의 열정에, 위대한 장군님께서 참배는 안 하셔도 된다는 말씀이 계셨다"는 '낭보'를 전해 주었다고 했다.

김대중 대통령이 14일 오후 김정일과 對坐(대좌)했을 때 심리적으로 얼마나 위축되었을까 짐작할 수 있게 하는 대목이다. 최측근이 민족반역자이자 전쟁범죄자인 김일성의 시신 참배를 안 해도 좋다는 '대한항공 폭파 및 아웅산 테러 지령자' 김정일의 지시를 '낭보'라고 감지덕지한 정도였으니!

취재 중 필자는 재미있는 사실을 확인할 수 있었다. 미국 정부는 김대중 정부의 요청을 받고, 방북 며칠 전부터 첩보위성을 평양 상공에 띄워놓고 북측의 준비상황을 관찰, 한국 측에 생생한 정보를 제공해 주었다. 김대중 일행이 지나갈 거리를 단장한다고 시멘트를 발랐는데 이것이 충분히 마르지 않은 점까지 알아냈다고 한다. 첩보위성이, 같은 승용차에 탄 김정일과 김대중, 두 사람 사이의 대화를 녹음할 수 있었는지는 알 수 없으나 이 승용차가 어떤 경로를 거쳐 백화원 초대소에 도착했는지는 알아냈을 것이다. 이런저런 소문의 진상에 대해서도 미국 측은 알 가능성이 높다.

2

김대중-김정일의 '주한미군 中立化[無力化]' 밀약의 전모

김대중은 '김정일이 주한미군의 통일 후 주둔까지 인정했다'고 했으나 그 '주한미군'은 지금의 주한미군이 아니다

김대중-김정일의
'주한미군 中立化[無力化]'
밀약의 전모

1977년 12월 평양을 방문한 東獨(동독) 공산당 서기장 에리히 호네커에게 金日成(김일성)은 이런 말을 하였다. 독일 통일 후 입수한 회담록에서 옮긴다.

〈남한에서 朴正熙(박정희) 같은 사람이 정권을 잡지 않고 정당한 민주인사가 정권을 잡는다면 그 사람이 反共(반공)주의자일 수도 있겠지만, 어쨌든 그런 사람이 권력을 잡는다면 통일의 문제는 풀릴 수 있을 것입니다. 남한에서 민주인사가 권력을 잡으면 조선의 평화통일은 이루어질 수 있습니다. 남한에서 민주적인 상황이 이루어진다면 노동자와 농민이 그들의 활동을 자유로이 할 수 있을 것입니다. 외국 군대는 물러가야 합니다. 남한 민중이 그들의 길을 스스로 선택할 수 있을 때 그들은 사

● 평양에서 두 사람이 합의한 내용은 駐韓미군의 역할을 평화유지군으로 둔갑시켜 對北억지력을 제거하는 것이었음이 비로소 확인되었다. 이런 발상은 김대중이 임동원을 통하여 먼저 제안한 것이다. 대한민국 대통령이, 동맹군을 無力化시키는 密約을 敵將과 한 셈이다

회주의의 길을 선택할 것입니다〉

김일성은 남한이 민주화되면 반공주의자가 집권해도, 노동자와 농민들의 활동이 자유로워지므로 對南(대남)공작에 유리하고, 특히 남한사람들 손으로 주한미군을 철수시키게 될 것이라고 내다보았다. 1980년대 金泳三(김영삼) 같은 민주투사들은 "左翼(좌익)은 군사정권에 대한 반발로 생긴 것이므로 민주화만 되면 사라질 것이다"라고 했었는데, 김일성의 전략판단이 적중하고, 김영삼의 막연한 낙관론은 빗나갔다.

黃長燁(황장엽) 선생의 증언에 따르면, 김일성은 "남한 정권에서 미국과 일본의 지원을 떼버리면 양쪽의 갓끈이 떨어진 갓 모양으로 되어 조금만 바람이 불어도 날아가 버리는 가엾은 신세가 되고 만다"는 말을 자주 하였다고 한다.

김일성과 金正日(김정일)이 駐韓美軍(주한미군) 철수와 韓美(한미)동맹 와해를 가장 중요한 대남赤化(적화)공작 목표로 설정, 끈질기게 추진해 온 이유는 한국과 1 對 1로 대결하면 군사적으로, 정치적으로

반드시 이긴다는 확신이 있기 때문이다.

'주한미군 지위 변경'이란 속임수

북한의 聯邦制(연방제) 통일안은 통일정책이 아니라 對南적화전략을 위장하기 위한 전술이다. 연방제는 두 개의 체제와 이념을 그냥 두고 중앙정부를 만들어 통일한 것으로 하자는 것이다. 뻔한 사기이지만, 이를 줄기차게 주장하는 것은 연방제의 뒷면이 '주한미군 철수와 한미동맹 와해'이기 때문이다. 연방제는 주한미군 철수用이라고 보면 된다.

이 전략을 간파한 韓美 兩國(양국)은 주한미군 문제를 남북간에 협상 대상으로 삼지 않는다는 일관된 입장을 유지해 왔다.

韓美 두 나라의 완강한 자세를 피해 가기 위하여 북한은 1990년대에 접어들면서 '주한미군의 역할 및 지위 변경'이란 속임수를 꺼낸다. 2002년 7월 통일연구원에서 발간한 《남북한 실질적 통합과정에서 주한미군의 위상과 역할 연구》(허문영, 조민, 홍관희, 김수암 著)는 북한의 속셈을 잘 정리하였다.

> 〈북한은 주한미군을 대남 적화전략목표 달성에 있어 가장 큰 장애물로 인식하고 있다. 즉, 북한이 궁극적으로 지향하고 있는 한반도의 공산화 목표를 달성하기 위해서는 무엇보다 주한미군을 철수시키고 한미동맹의 고리를 끊어야 한다는 기본인식을 가지고 있다.

북한의 주한미군 철수 요구 주장은 1990년대 들어 약간의 전술적 변화를 보이고 있다. 예를 들어, 1990~1992년 '남북고위급회담'에서 북한은 주한미군의 역할변경을 조건으로 주한미군의 주둔을 인정할 수도 있다는 발언도 간헐적으로 제기해 왔다.

평화군축연구소 이삼로는 "주한미군은 주둔하되 남북의 통일을 방해하는 것이 아니라 지지하는 역할을 수행해야 한다"고 언급하였고, 아태평화위 이종혁은 "美北(미북) 양측이 평화조약을 모색하는 동안 미군이 한반도에서 평화유지군으로 활동하는 데 반대하지 않는다"고 하였으며, 북한군판문점대표부 이찬복은 "주한미군의 역할이 對北(대북)억제로부터 한반도 전체의 안정자와 균형자로 변형되어야 한다"고 주장하였다.

북한이 이처럼 공식적으로는 주한미군의 철수를 일관되게 요구하면서도 주한미군의 역할변경을 거론하고 있는 이유는, 주한미군의 철수를 궁극적 목표로 하되, 그 중간 단계로서 미군을 '평화유지군' 등으로 역할 변경시킴으로써 주한미군의 지위와 성격을 변경시켜 궁극적으로 한미동맹체제를 약화시키려는 것이다〉

김대중의 '外軍철수 주장'

김일성이 남한에서 정권을 잡아 주기를 바랐던 '민주인사' 중 1번은 金大中(김대중) 씨였을 것이다. 남한의 유력한 정치인 중 유일하게 북한정권이 내세운 연방제안에 동조한 이가 그였다.

1980년 5·17 계엄확대 조치로 정권을 잡은 新軍部(신군부)는 김대중 씨를 연행, 그가 1973년에 在日(재일) 북한공작원들과 함께 만든 反國家단체 韓民統(한민통·한국민주회복통일촉진국민회의) 사건을 수사, 재판에서 死刑(사형)선고까지 받도록 하였다. 有罪(유죄)가 선고되는 데 핵심적 역할을 한 자료는 중앙정보부의 '金大中 연방제 판단 보고서'였다. 그 요지는 이러했다.

〈김대중의 연방제 통일주장은 북괴의 주장과 동일함은 물론 김대중도 이를 스스로 인정하고 있을 뿐 아니라 특히 연방제와 함께 '한반도의 外軍(외군) 철수'를 주장함으로써 同 연방제를 내세워 주한미군 철수를 관철하려는 북괴의 전략적 기도에 영합하였다. 북괴는 그의 이 같은 태도를 중시, 그를 '민주인사'로 규정하였고, "민주인사 집권 時 연방제로 통일을 실현한다"는 주장을 되풀이하는 가운데 "김대중이 대통령에 당선되었더라면 평화적 통일이 실현되었을 것"(1975년 5월17일 김일성의 일본 〈마이니치신문〉 기자회견)이라고 피력하였다〉

김대중 씨는 육군본부 계엄보통군법회의 검찰부 신문에서 "피의자는 한국에서 유엔군 등 외군의 철수를 주장한 사실이 있나요"라고 묻자 이렇게 진술하였다.

"제가 외군 철수를 주장한 것은 남북간에 전쟁억제협정을 체결하고 미·소·일·중 4大國(대국)의 지원협력 결의 후 철수하라는 것이었지, 現(현)시점에서 철수하라는 것은 아니었습니다."

김대중 씨가 일본에서 주도적으로 만든 한민통의 1973년 8월13일자 발기문에는 "한반도를 중립화하고 남북연방제에 의한 점진적 통일을 실현한다"고 적혀 있다. 김일성도 1980년 고려민주연방공화국 창립 방안 발표 연설에서 "서로 다른 사상과 제도를 가지고 있는 北과 南의 두 지역을 하나의 연방국가로 통일하는 조건에서 고려민주연방공화국이 中立(중립)국가로 되는 것은 필연적인 것이며 또 현실적으로 가장 합리적인 것입니다"고 밝혔다. 중립국가가 된다는 것은 韓美동맹 관계를 폐기, 주한미군을 철수시킨다는 말과 다름없다.

김대중, 주한미군 지위 변경 언급

김대중 씨는 평민당 총재 시절인 1989년 6월3일 광주교육대학의 時局(시국) 강연회에 참석해 "장차 이 나라가 통일이 되면 오스트리아式(식) 永世(영세)중립국가로 가게 될 것으로 본다"고 밝힌 적이 있다. 김대중이 견지해온 연방제·중립국화·외군 철수는 모두 주한미군 철수와 韓美동맹 해체를 전제로 하거나 목표로 하는 것이다.

김대중 씨는 대통령이 되자 평소의 소신을 실천에 옮긴다. 그는 먼저 주한미군 문제를 남북간에 논의해선 안 된다는 대원칙을 깬다.

1999년 4월6일자 〈세계일보〉는 1면 머리기사에서 '주한미군 지위 변경 議題(의제) 상정. 정부, 4자회담에. 對北(대북)적대서 중립적 위치로'라는 제목으로 김대중 정부의 입장 변화를 다루었다. 이 신문은 '정부 당국자는 4월5일 이달 말로 예상되는 4자회담 5차 본회담 긴장완화분과위에서 주한미군 지위 변경 문제를 의제로 올려 협상하는 방안을 적극 검토 중이라고 밝혔다'고 보도하였다.

逆賊모의 43

이날 오후 육군과 공군 장성 진급자 신고를 받는 자리에서 김대중 대통령은 "최근 북한이 주한미군이 平和軍(평화군)이라면 주둔해도 좋다는 말을 했다. 자세한 내용은 파악하고 있지 않지만 북한이 처음으로 이런 의사를 표시한 것이다"라고 말했다. 朴智元(박지원) 청와대 대변인(후에 문화관광부 장관으로 김대중-김정일 회담 주도) 또한 북한의 태도 변화를 긍정적으로 평가한 대통령의 발언을 기자들에게 브리핑했다.

북한정권이 주한미군 無力化(무력화)를 위하여 고안한 '주한미군 지위 변경=평화유지군化(화)'에 김대중 당시 대통령이 긍정적 반응을 보인 것은 그의 평소 소신을 반영한 것이지만, 기존의 對北정책에서 근본적으로 이탈하는 것이었다. 김대중의 이런 긍정적 발언은 김정일의 관심을 끌었을 것이다.

김명윤 의원의 추궁

1999년 4월19일 국회는 康仁德(강인덕) 통일부 장관을 불러 김대중의 발언을 추궁하였다.

〈金命潤(김명윤) 당시 한나라당 의원: 강 장관, 일전에 주한미군에 대한 지위문제에 대해서 평화유지군으로 남아도 좋다는 청와대 발표가 있었다가 곧 다시 정정하는 듯한 해명 발표가 있었습니다. 그런데 대통령으로 하여금 이러한 경솔한 발표를 하게 한 경위를 통일부 강 장관은 알고 계십니까?
康仁德 통일부 장관: 구체적으로 현장에 제가 없었습니다마는 나

중에 청와대 당국으로부터 대체로 들었습니다. 그것은 대통령께서 무슨 보고를 들으시고 얘기한 것이 아니고 그날 신문에 그러한 기사가 나와 있었기 때문에 장성급 진급자들의 신고를 받으시고 대화하는 속에서 안전보장에 대한 얘기를 말씀하시면서 이 사실은 확인된 것도 아니지만 이런 방면으로 북쪽도 변화될 수 있는 그러한 가능성에 대해서라고 그럴까, 그런 문제에 대해서 말씀이 계셨다는 말씀을 저는 간접적으로 들었을 뿐입니다.

金: 아니, 북쪽에서 그런 얘기한 적 전혀 없다고, 이렇게 또 확인까지 됐습니다. 그런데 대통령이 무슨 신문을 어디서 봤어요? 이것이 대단히 예민한 문제입니다. 이 미군주둔 문제를 그렇게 간단하게 생각해서는 안 됩니다. 우리의 生死(생사)에 관한 문제예요. 이런 예민하고 중차대한 문제를 대통령이 어디 신문을 보다니, 우리는 전혀 아무것도 모르고 앉은 데서 난데없이 미군을 평화유지군으로 남을 수 있게 한다는, 남아도 좋다 하는 쪽으로….

康: 주한미군이라는 것은 상호방위조약에 의해서 여기에 주둔하고 있는 것이고 따라서 이것은 한미간에 문제가 되는 것이지 누가 여기에 개입할 수 있는 성질의 것도 아니고 지금 당장 지위를 바꿔야 할 그런 시기에 와 있는 것도 아니라고 저는 생각합니다〉

강인덕 장관은 애써 대통령 발언을 변호하지만 김대중 씨는 '주한미군 지위 변경'에 동조한다는 뜻을 김정일에게 전하기 위하여 언론을 이용한 것으로 보인다. 김정일은 그 1년 뒤 김대중을 평양에서 만났을 때 '대통령의 그런 뜻을 (남한 신문에서) 읽었다'고 말하였다.

임동원, 김정일에게 '주한미군 지위 변경' 제안

국가정보원장이던 林東源(임동원) 씨는 2000년 6월4일, 김대중-김정일 회담에 앞서 비밀 訪北(방북)하여 김정일을 만났다. 그는 자신의 회고록 《피스메이커》에서 '남측은 북측의 적화통일과 남침위협에, 그리고 북측은 흡수통일과 北侵(북침)위협에 서로 시달리고 있는 모순을 해소하기 위하여' 아래 제안을 하였다고 공개하였다.

"(김대중) 대통령께서는 주한미군의 위상에 대해서도 북측이 前向的(전향적)으로 思考(사고)해 줄 것을 당부하셨습니다. 대통령께서는 한반도와 동북아의 평화와 안정을 위하여 균형자와 안정자의 역할을 수행할 주한미군이 현재뿐만 아니라 통일 이후에도 필요하다고 생각하십니다."

대한민국의 안보 책임자가 '북측은 흡수통일과 북침위협에 시달리고 있다'는 말을 김정일에게 했다는 것은 놀라운 일이다. 북한정권이 내부통제용으로 선전하는 '북침위협'을 임동원 씨는 사실로 인정한 셈이다. 한미동맹군이 북침을 꾀한 사실이 있는가? 임동원 씨의 말대로라면 그런 사실이 있다는 게 된다. 남도 북도 아닌 제3자의 입장에서 양쪽의 입장을 객관적으로 기술한 것 같기도 하다. 대한민국의 안보 책임자가 구경꾼의 입장에 선다는 것 자체가 背任(배임)이다. 주한미군의 '중립화'와 '평화유지군化'라는 발상 자체가 대한민국의 입장이 아닌 제3자의 입장에서 나온 것이다. 대통령이 敵(적)을 대함에 있어서 조국의 입장에 서지 않았다는 뜻이다.

　김대중이 임동원을 통하여 김정일에게 제안한, '한반도와 동북아의 평화와 안정을 위하여 균형자와 안정자의 역할을 수행할 주한미군'이란 말은 그 전에 북한군판문점대표부 이찬복이 한 말 "주한미군의 역할이 對北억제로부터 한반도 전체의 안정자와 균형자로 변형되어야 한다"와 일치한다. 김대중 씨는 북한정권이 주한미군을 無力化시키기 위하여 개발한 '균형자와 안정자 역할'이란 용어를 그대로 받아들인 다음 이를 김정일에게 다시 던진 셈이다.

　'균형자와 안정자 역할'을 하는 주한미군은 현재의 주한미군이 아니고 對北억제력을 포기한 평화유지군이다. 남북한 사이의 중립군이다. 껍데기 군대이다. 더구나 미국은 그런 군대를 한국에 주둔시킬 이유가 없다. 이는 필연적으로 미군철수와 韓美동맹 해체로 이어진다.

김대중, "그처럼 탁월한 식견을 가진 줄 몰랐다"

《피스메이커》에 의하면, 김정일은 이렇게 和答(화답)하였다고 한다.

　"김 대통령께서는 동북아의 평화와 안정을 위해 통일 후에도 미군이 계속 주둔해야 한다고 주장하시는데, 사실 제 생각에도 미군주둔이 나쁠 건 없습니다. 다만 미군의 지위와 역할이 변경돼야 한다는 겁니다. 주한미군은 공화국에 대한 적대적 군대가 아니라 조선반도의 평화를 유지하는 군대로서 주둔하는 것이 바람

직합니다. (중략) 미국과 관계정상화가 된다면 미국이 우려하는 모든 안보문제를 해소할 수 있습니다. 그러니까 하루라도 빨리 정전협정을 평화협정으로 전환하자는 겁니다."

임동원과 김정일이 一瀉千里(일사천리)로 異見(이견) 없이 주한미군의 역할 변경에 대하여 事前(사전)조율을 하는 장면이다. '찰떡궁합'이란 표현이 생각난다.

2000년 6월14일 김대중과 김정일이 평양에서 만났을 때, 김정일-임동원 사이에서 의견 일치를 본 '주한미군 지위 변경'은 남북한의 최고 권력자 사이에서 하나의 密約(밀약)으로 굳어진다.

《피스메이커》는 또 김정일의 발언을 다음과 같이 전했다.

"1992년 초 김용순 비서를 미국에 특사로 보내 '남과 북이 싸움 안하기로 했다'고 말하였습니다. 그러면서 '미군이 계속 남아서 남과 북이 전쟁을 하지 않도록 막아 주는 역할을 해달라'고 요청했댔습니다. 김 대통령께서는 '통일이 되어도 미군이 있어야 한다'고 말씀하셨는데, 그건 제 생각과도 일치합니다. 미군이 남조선에 주둔하는 것이 남조선 정부로서는 여러 가지 부담이 많겠으나 결국 극복해야 할 문제가 아니겠습니까?"

임동원 씨는 (김정일이) 미국 측에 전한 말은 "미군의 지위와 역할을 변경하여 북한에 적대적인 군대가 아니라 평화유지군 같은 역할을 해 주기를 바란다"였다고 회고록에 썼다.

2010년 발간된 《김대중 자서전》에 따르면 김 대통령은 김정일의 주장에 적극적으로 동의한다.

"지난번 김 위원장을 만나고 온 임동원 특사로부터 김 위원장의 주한미군에 대한 견해를 전해 듣고 저는 정말 깜짝 놀랐습니다. 민족문제에 그처럼 탁월한 식견을 가지고 계실 줄 몰랐습니다. 그렇습니다. 미군이 있음으로써 세력균형을 유지하게 되면 우리 민족에게도 안정을 보장할 수 있게 됩니다."

대한민국 대통령이 '김 위원장의 주한미군에 대한 견해', 즉 韓美동맹 해체를 겨냥한 敵將(적장)의 주한미군 중립화—무력화 제안에 감동하여 '탁월한 식견'이라고 극찬하고 있다. 《김대중 자서전》은 그러나 임동원 회고록과 달리 김정일이 이 자리에서 '북한에 적대적인 군대가 아니라 평화유지군 같은 역할'을 한다는 조건을 붙여서 미군주둔에 동의하였다는 대목이 빠져 있다. 《김대중 자서전》만 읽어 보면 김정일이 현재의 주한미군이 통일 후까지 있어도 좋다고 한 것처럼 이해된다. 임동원 회고록 《피스메이커》의 기술이 더 정확한 것은 물론이다.

동맹군을 無力化시키기로 敵將과 합의

김대중은 이로써, 동맹군에게 알리지도 않고 敵前(적전)에서 동맹군을 무력화시키는 합의를 적장과 몰래 한 我軍(아군)의 사령관이 된

逆賊모의 49

것이다. 주한미군 무력화 합의는, 대한민국의 생명줄인 韓美동맹을 사실상 해체하자는 것이다.

그 1년 전(1999년 4월15일) 임동원 당시 외교안보수석은 한국신문방송편집인협회 조찬강연에서 "주한미군에 대해 북한의 태도변화 과정 등을 언급한 것이 마치 정부가 주한미군의 지위 변경을 논의하려 하는 것으로 잘못 받아들여져 오해가 생겼다"고 해명했었다. 1년 후 김대중과 김정일은 林 씨가 부정하였던 주한미군의 지위 변경을 논의하고 합의까지 한 것이다. 1년 전 김대중, 임동원의 '주한미군 지위 변경' 관련 발언은 잘 계산된, 김정일에게 보낸 일종의 '同意書(동의서)'였다는 해석을 가능하게 한다.

김용순이 미국 측에 '주한미군 계속 주둔 용인'의 뜻을 전달한 것은 사실로 확인되었다. 북한노동당 김용순 국제부장과 미국 국무부 아널드 캔터 정무차관 사이의 회담은 1992년 1월22일 뉴욕에서 열렸다. 이 회담에서 김용순은 미국과의 관계를 改善(개선)하고 싶다는 의사를 밝혔고, 캔터 차관은 국제적인 위기로 치닫고 있던 북한의 핵개발 문제에 대하여 부시 행정부의 의지를 전달했다.

이 회담 직후 캔터 차관은 玄鴻柱(현홍주) 당시 駐美(주미)대사에게 전화를 걸어 회담 내용을 설명해 주었다고 한다. 현홍주 前 대사는 "주한미군의 계속 주둔을 인정한다는 취지의 김용순 발언을 캔터 차관으로부터 전해 듣고 本國(본국)에 보고했다"고 한다.

퇴임한 아널드 캔터 씨에게 〈월간조선〉 기자가 전화를 걸었더니 그는 이렇게 말했다.

"오래된 일이라, 그리고 긴 이야기 중에 나온 것이라 정확하게 기억은 못한다. 김용순이 '통일 이후에도 주한미군이 그대로 주둔할 수 있는 가능성을 배제하지 않았다'(Kim Yong Soon did not exclude the possibility of stationing of US troops in Korea following unification)는 표현으로 정리하고 싶다. 솔직히 말하면 나는 그 말에 대해서 회의적이었다. 美北협상에서 북한의 목표는 미국과 제대로 된 만남을 가져보자는 것이었다. 그런 상황에서 나온 말이었기 때문에 액면대로 받아들이지 않았다."

김대중, 密約을 숨기다

김대중 대통령은 김정일과 만나고 온 직후 6·25전쟁 50주년 기념사에서 이렇게 말했다.

"저는 주한미군에 대해서는 태도를 분명히 했습니다. 주한미군은 한반도에 완전한 평화체제가 이루어질 때까지는 물론이고 통일된 후에도 東北(동북)아시아의 세력균형을 위해서 필요하다는 것을 북측에 설명했습니다. 주한미군의 필요성에 대한 저의 설명에 북측도 상당한 이해를 보였다는 것을 저는 여러분에게 보고하면서 이것이 이번 평양방문의 큰 성과 중 하나라고 말씀드립니다.

만일 한국과 일본에 있는 10만의 미군이 철수한다면 한반도는 물론 동아시아와 태평양의 안전과 세력균형에 커다란 차질을 가져올 것입니다. 우리는 우리의 國益(국익)을 위해서 주한미군이 계속 주둔하기를 바란다는 것을 저는 여러분에게 이 자리를 빌려 천명하고 싶습니다."

그는 이 연설에서 김정일이 이해를 보인 주한미군은 현재의 주한미군이 아니라 북한에 대한 적대적 태도를 버린 중립군(또는 평화유지군)이란 사실을 생략하였다. 그럼으로써 국민들로 하여금 김정일이 지금의 주한미군이 통일 후에도 계속 주둔해도 좋다고 한 것처럼 이해하도록 誤導(오도)하였다.

김대중 당시 대통령은 김정일과 만나고 온 후 국내외 언론과 인터뷰할 때마다 김정일이 주한미군의 계속 주둔에 동의했다고 선전하면서 이를 최대 성과로 꼽았다.

2000년 9월3일 '방송의 날' 기념 방송3社 공동초청 특별대담에서 김대중 대통령은 자신과 김정일 사이에, 주한미군에 대해 어떤 이야기가 오고 갔는지 다시 한 번 밝혔다.

"(김정일의) 답변이 깜짝 놀랄 정도였는데 김정일 위원장이 '나도 남쪽신문에서 대통령이 말씀한 것을 읽었습니다. 그리고 어쩌면 대통령이 나하고 똑같이 민족의 장래를 보고 있는가 이런 생각을 가졌습니다. 사실 그렇습니다. 우리 주변에는 큰 나라들이 많습니다. 그래서 주한미군이 있는 게 좋습니다' 이렇게 얘기했습니다. 나는 이번에 북한에 가서 그 문제를 확실히 한 것이 한반도에서 전쟁을 막는 문제라든가 우리의 국가이익, 동북아시아의 안정 등 큰 문제가 해결됐다고 생각하고 있습니다."

주한미군을 동맹군에서 거간꾼으로 전락시켜

김대중은 여기서도 김정일의 條件附(조건부) 발언 내용을 전하지 않았다. 놀랍게도 김대중 씨가 은폐한 김정일의 본뜻을 정확히 전달한 이는 임동원 통일부 장관이었다. 그는 2001년 국회 외교통상위원회에서 洪思德(홍사덕) 의원의 질문에 이렇게 답변하였다.

"제가 그 자리에 있었습니다. 김정일 위원장이 뭐라고 그러느냐 하면 '대통령께서 그런 주장을 하시는 것을 우리가 읽었고 알고 있습니다. 제가 전적으로 동의합니다. 김용순이 아널드 캔터를 만나서 최초의 美北 고위급회담을 할 때 '주한미군은 계속 남아 있는 것이 바람직하다' 하는 점을 전달했다는 것입니다. 그러면서 '조건이 있는 것입니다. 그냥 敵對(적대)관계에 있는 미군이 있으라는 것은 물론 아니지요. 미국과 북한 간에 적대관계를 해소하고 주한미군이 북한에 대한 적군으로서가 아니라 남과 북 사이에서, 또는 주변세력 사이에서 균형을 잡아 주고…', 그러니까 밸런싱 롤(balancing role)을 말하는 것 같아요. 또 안정자의 역할, 스테이벌라이징 롤(stabilizing role)을 말하는 것 같습니다. 그런 역할을 하는 군대로 남아 있어야 된다고 했습니다. 그러면서 또 지정학적 위치가 어떻고 한참 이야기를 했어요."

주한미군은 한반도와 동북아의 평화와 안정을 위하여 균형자와 안정자의 역할을 수행하는 군대가 아니다. 오로지 북한군의 再(재)남침을 저지하기 위하여 존재한다. 주한미군은, 범인을 잡으러 온 형사이지 범인과 피해자를 말리고 화해를 붙이는 거간꾼이 아니다. 김대중과 김정일은 평화, 안정, 균형자, 안정자 같은 좋은 말을 연결하여 인식의 혼란을 야기한 다음, 주한미군의 존재 목적을 거간꾼으로 전락시키려 한 셈이다.

2002년 대통령 선거 때 盧武鉉(노무현) 후보는 '미국과 북한이 싸우면 우리는 말리는 역할을 해야 한다'고 했다(이 발언에 화가 난 정몽준 의원이 노무현 후보에 대한 지지를 철회하였다고 한다).

노무현 대통령은 취임 후 '동북아 균형자론'을 들고 나오더니 드디어 韓美동맹 해체의 제1단계로 갈 가능성이 있는 한미연합사령부 해체 작업을 강행하였다. 그것도 북한정권이 핵실험을 한 직후에. 김정일-김대중의, '주한미군 중립화(=無力化)에 의한 韓美동맹의 실질적인 해체 합의'는 노무현 정부에 계승된 것이다.

代를 이어 실천되고 있는 밀약

6·15선언 2항은 '김대중式(식) 연합제안'과 '김정일의 聯邦制案(연방제안)'을 절충한 통일방안에 합의한 것이다. 김대중식 연합제안은 북한 연방제안에서 나온 것이므로 이 합의는 사실상 연방제안을 받아들인 것으로 봐야 한다. 연방제안은 주한미군 철수用이다. 연방제를 수용했다는 것 자체가 주한미군 철수와 韓美동맹 해체에 합의하였다는 이야기가 된다. 즉 김대중·김정일은 '주한미군 무력화' 밀약을 실천적 약속으로 만들기 위하여 6·15선언 2항이 필요하였던 것이다.

李明博(이명박) 대통령은 명백하게 헌법을 위반한 6·15선언의 폐기를 선언하지 못하였다. 韓美연합사 해체 합의도 취소시키지 못하였다. 남북한 좌익들은 '6·15선언 실천'을 '미군철수와 적화통일'의 同義語(동의어)로 쓰고 있다. 김정일과 김대중이 합작하여 대한민국을 함정으로 빠뜨린 게 '6·15선언'인데 이의 폐기를 공개적으로 주장하는 정당이 없다. 그런 점에서 김대중 – 김정일 밀약은 한국에서 代를 이어 실천되고 있는 셈이다.

　김대중 씨는 무슨 계산으로 이런 엄청난 일을 저질렀을까? 노벨평화상을 받기 위해서 그랬다는 이야기를 하는 이들이 많다. 이는 오해이다. 그는 反共이 國是(국시)이던 1970년대부터 公言(공언)하여 왔던 '연방제-外軍철수' 약속을 대통령職(직)을 이용하여 실천한 것이다. 이 부분에 관한 한 그는 기회주의자가 아니었다.

3

'鄭文憲 의원 폭로' 검증

NLL 포기 · 北核 비호 · 쐐기박기 · 反美발언

'鄭文憲 의원 폭로' 검증

10·4 반역 선언

2007년 10월4일 평양에서 '노무현-김정일 선언'이 발표된 지 나흘 뒤, 필자는 문제점을 분석해 아래와 같은 글을 〈조갑제닷컴〉에 올렸다.

〈1. 노무현 대통령과 김정일은 10·4선언에서 反헌법적-反국가적 詐欺(사기)문서인 6·15선언의 유효성을 재확인하였다. 사기문서를 기초로 하여 낙서하듯이 써내려간 10·4선언도 원인무효이다. 대통령과 국회는 대한민국 헌법을 위반한 두 선언의 무효를 선언해야 할 의무가 있다.
2. 盧·金은 10·4선언에서 소위 '우리민족끼리' 원칙을 재확인했다. 북한정권의 통일전선부 공식 문서는 '우리민족끼리'란 김정

일을 통일 지도자로 모시고 反美(반미)하자는 뜻이라고 정의하고 있다.

3. 盧·金은 6·15선언을 한민족의 노예문서로 굳히기 위하여 이 날을 국가기념일로 지정하자는 합의를 했다. 반역의 날을 영원히 경축하자는 뜻이다(이상 1항).

4. 盧 대통령은, 북한의 사상과 제도를 문제 삼지 않고 내부 문제에도 간섭하지 않기로 약속했다. 북한정권의 인권탄압, 납북자, 국군포로 문제를 한국이 거론하지 않겠다는 약속을 한 셈이다.

5. 盧 대통령은 북한정권에 대해서 개혁 개방을 요구하지 않겠다고 언명했다. 對北(대북)퍼주기의 유일한 이유인 개혁 개방 유도를 포기하겠다는 것은 햇볕정책의 실패를 고백한 일이고, 김정일이 개혁을 거부하고도 대한민국을 계속 뜯어먹도록 보장하겠다는 뜻이다.

6. '통일을 위한 제도적, 법률적 정비'라는 합의는 보안법 폐지를 겨냥한 것이다(이상 2항).

7. '남과 북은 서로 적대시하지 않고'라고 한 것은 주한미군과 韓美동맹의 존립 근거를 허무는 합의이다. 韓美동맹은 한국과 미국이 북한정권을 공동의 敵으로 본다는 점을 유일한 존립 근거로 삼고 있다. 따라서 남침 피해자이자 北核(북핵)의 가장 큰 위협을 받고 있는 남한이 북한을 적대시하지 않겠다고 한다면 韓美동맹은 존립근거를 상실하고 주한미군은 철수하는 것이 논리적으로 맞다(이상 3항).

8. '남과 북은 한반도 핵문제 해결을 위해 공동으로 노력하기로

하였다'고 한 것은 盧 대통령이 북한의 함정에 빠져 北核 문제를 美核 문제로 轉嫁(전가)하는 데 동조한 대목이다. '한반도 핵문제'란 용어는 북한식이다. 지금 문제가 된 것은 北核이지 '한반도 핵문제'가 아니다. 북한이 말하는 '한반도 핵문제'는 미국이 한반도에서 核을 쓰지 말고 도입, 보유를 하지 않아야 한다는 주장을 하기 위하여 만든 용어이다. 이는 미국의 핵우산 제공을 트집 잡기 위한 것이다.

9. 평화체제 구축을 위해 노력하기로 한다면서 6·25 終戰(종전) 선언의 전제조건이어야 할 국군포로와 납북자 송환, 南侵(남침) 사과 및 배상에 대한 언급이 없다. 대한민국 대통령이 멋대로 전쟁범죄자에게 면죄부를 준 셈이다(이상 4항).

10. '경제협력사업을 공리공영과 有無相通(유무상통)의 원칙에서' 발전시켜 나간다는 말은 가진 것이 없는 북한정권이 가진 것이 많은 남한을 有無相通의 정신에서 뜯어먹겠다는 뜻이다. 有無相通은 자본주의와 상호주의에 반대되는 原始(원시) 공산주의식 발상이다.

11. '서해평화협력특별지대, 공동어로구역, 평화水域, 경제특구 건설, 민간선박의 해주직항로 통과, 한강하구 공동이용 등'은 모두가 수도권 방어의 최일선인 서해의 휴전선 NLL을 無力化(무력화)시키게 되어 있다. 북방한계선을 복잡한 面으로 만들어 공동관리하면 반드시 분쟁이 생긴다. 남북간 군사충돌이 일어나면 핵무장한 북한군의 보복 위협에 걸려 한국이 우수한 재래식 무기를 갖고도 제대로 대응할 수 없게 된다.

12. 한국 경제에 아무 도움이 되지 않는 북한의 철도와 고속도로를 국민 세금으로 改補修(개보수)해준다는 약속을 했다.
13. '안변과 남포에 조선협력단지'를 건설한다고 했는데 10·4 문서에 나오는 '협력'은 對北퍼주기를 미화한 위장용어로서 우리가 지어준다는 뜻이다(이상 5항).
14. '남과 북은 자연재해를 비롯하여 재난이 발생하는 경우 동포애의 원칙에 따라 적극 협력해 나가기로 하였다'고 했는데 김정일의 失政(실정)으로 발생한 북한의 자연재해 피해 복구를 남한이 책임진다는 뜻이다(7항).
15. '국제무대에서 민족과 해외동포들의 이익을 위한 협력을 강화해 나가기로 하였다'는 말은, 對南간첩침투 기지인 反국가단체 조총련이 일본인 납치의 하수인 역할을 했다가 일본에서 압박을 받게 되자 김정일이 한국을 끌어들여 공동대처하기로 했다는 뜻이다. 한국 정부가 국제범죄 집단의 비호자 역할을 맡게 되었다.
*요약: 노무현 대통령은 10·4선언을 통해서 김정일의 對南적화전략(6·15선언, 우리민족끼리 원칙 등)에 적극적으로, 구체적으로, 총체적으로, 철저하게 동조, 굴종하였다〉

정문헌 폭로

2011년 10월 초 李明博 대통령을 만난 필자는 "6·15/10·4선언은 헌법 위반임이 분명하고 북한도 남북 간에 맺은 모든 약속은 무효라고 선언했는데 왜 우리는 失效(실효) 선언을 하지 않느냐"고 물었다.

李 대통령은 "공개적으로 무효라고 선언할 필요가 없다. 실천을 하지 않으면 된다"고 했다. 2012년 10월8일 국회에서 새누리당 鄭文憲(정문헌) 의원이 통일부 장관에게 질문하는 형식으로 폭로한 '김정일-노무현 대화록' 내용은 10·4선언의 성격을 처음으로 국민들에게 알리는 계기가 되었다. 鄭 의원은 이명박 정부에서 청와대 통일비서관을 역임하였다. 그때 문제의 대화록을 읽을 수 있었고, 그 기억(또는 기록)을 근거로 질문을 한 것으로 보인다. 鄭 의원이 공개한 대화록의 핵심 내용인, 노무현 당시 대통령의 NLL 포기 약속과 北核 대변인 자임 발언 주장도 盧 씨가 그런 맥락의 言動(언동)을 여러 번 한 적이 있어 신빙성이 높아 보였다. 대화록이 없다는 야당이 새누리당의 국정조사 요구에는 불응하겠다는 태도가 의심을 더했다.

필자는 鄭 의원의 질문 요지를 분석해 보았다.

1. **질문 요지:** 〈2007년 10월3일, 오후 3시 백화원 초대소에서 남북 정상은 단독회담을 가졌음. 당시 회담 내용은 녹음되었고, 북한의 통일전선부는 녹취된 대화록이 비밀 합의 사항이라며 우리 측 秘線(비선)라인과 공유하였음. 그 대화록은 통일부와 국정원에 보관되어 있음. 대화록에서 故 노무현 대통령께서는 김정일에게 "NLL 때문에 골치 아프다. 미국이 땅따먹기 하려고 제멋대로 그은 선이니까, 남측은 앞으로 NLL을 주장하지 않을 것이며, 공동어로 활동을 하면 NLL 문제는 자연스럽게 사라질 것"이라고, 구두 약속을 해 주었음. 이것이 북한이 주장하는, 우리가 무지해 모르고 있다는 10·4 공동선언의 경위와 내용임. 그리고, 한 달 여

뒤인 11월 1일 민주평통 상임위원회 연설에서 노 대통령은 NLL을 두고 비슷한 맥락의 주장을 하셨음. "실질적으로는 아무런 이해관계가 없는 문제를 놓고 괜히 어릴 적 땅따먹기 할 때 땅에 줄 그어놓고 네 땅 내 땅 그러는 것과 같다", "다시 긋는다고 큰일이 나고 당장 안보가 위태로워지는 것은 아니지만, 우리 국민들의 정서가 아직 양보하는 것은 용납할 수 없다는 것"이라 한 바 있음〉

정문헌 의원의 질문은 대화록의 정확한 전달이 아니고 취지나 요지를 요약한 것이었다. 우리 해군이 많은 희생을 치르면서 지키고 있는 서해 NLL(Northern Limit Line·북방한계선)은 한국의 심장부인 서울-인천(공항)-서해안 공업지대의 방어선이다. 국가 생존의 생명선이다. 이를 국군통수권자가 "미국이 제멋대로 그은 선이니까, 남측은 앞으로 NLL을 주장하지 않을 것이며, 공동어로 활동을 하면 NLL 문제는 자연스럽게 사라질 것"이라는 취지의 구두 약속을 해 주었다면 노무현과 관련자들은 영토의 핵심부를 敵에게 넘겨주려 하였다는 이야기가 된다. 관련자들 중에는 김정일-노무현 회담 준비 책임자인 문재인 당시 비서실장(소위 남북정상회담 추진위원장)도 포함된다.

2012년 10월4일 문재인 당시 민주통합당 대통령 후보는 "2007년 11월 말에 열린 남북국방장관회담에서 김장수 국방장관이 회담에 응하는 태도가 대단히 경직됐다고 생각한다"고 말했다. 이는 10·4선언의 핵심인 서해평화협력지대 설치가 국방장관회담 결렬로 무산됐고 그 책임이 당시 국방장관에게 있다고 밝힌 셈이다. 노무현이 김정일에게 약속한 대로 (김장수 장관이) NLL을 양보하지 않아 회담이 무산된 것을 아쉬워하는 듯한 말투였다.

　1953년 7월27일 휴전 때 육상에만 휴전선이 그어졌고 해상은 경계선을 긋지 않았다. 압록강 하구에 이르기까지 서해상의 모든 섬은 制海權(제해권)과 制空權(제공권)을 장악한 유엔군의 점령하에 있었다. 유엔군 사령부는 대부분의 섬을 북측에 돌려주고 수도권 방어에 필수적인 백령도, 연평도 등을 확보, 이를 기준으로 NLL을 그었던 것이다. 노무현은 사실을 왜곡하는 선동을 하고 그것을 근거로 자신의 주장을 펴는 습관이 있었다. 한국 대통령이 미국 대통령과 공동으로 '戰時作戰統制權(전시작전통제권, 전작권)을 행사하는데도 한국 대통령은 허수아비인 것처럼 왜곡한 뒤, 이를 근거로 '전작권 환수'라는 선동적 정책용어를 만들어 韓美연합사 해체를 결정한 게 대표적 예이다. NLL에 대해서도 미국이나 한국이 멋대로 그은 선인 것처럼 왜곡하고 이 허위를 근거로 삼아 NLL 死守 방침을 포기하려 한 것이다.

北核 비호

　　2. 질문 요지: 〈대화록에서는 또한, 북핵 문제와 관련, 대통령은 "내가 전 세계를 돌아다니면서 북한이 핵 보유를 하려는 것은 정당한 조치라는 논리로 북한 대변인 노릇을 열심히 하고 있으니까 북한이 나 좀 도와달라"라는 언급을 했음〉

　대한민국 대통령은 군통수권자로서 북한정권의 핵무기 개발을 막아야 할 최종 책임자이다. 그런 사람이 敵軍의 최고 사령관에게 그런 말을 하였다면 정신착란증에 걸렸던지 역적모의를 하였다는 이야기가 된다. 정황상 鄭 의원의 이 폭로 내용도 사실일 가능성이 높다고 보았다.

실제로 2004년 11월13일 訪美(방미) 중이던 盧 당시 대통령은 로스앤젤레스의 국제문제협의회(WAC) 초청 오찬 연설에서 이렇게 北核을 비호하였다.

"북한은 핵과 미사일을 외부의 위협에서 자신을 지키기 위한 억제수단이라고 주장하고 있다. 일반적으로 북한의 말을 믿기 어렵지만 이 문제에 관해서는 북한의 주장에 일리 있는 측면이 있다고 본다. 북한이 핵무기를 개발하는 것이 누구를 공격하려 하거나 테러를 지원하고자 하는 것이라고 단언할 수 없다."

北의 핵개발은 자위적 조치이고 핵 확산을 부를 위험도 없다는, 김정일도 놀랄 비호 발언이었다. 문제는 이 말도 거짓이란 점이다. 北의 핵개발은 남한 공산화에 방해가 되는 미국을 견제하고, 핵을 갖지 못한 한국군에 결정적 優位(우위)에 서려는 목적에서 추진되고 있다. 북한은 시리아에 핵개발용 원자로를 지어주다가 이스라엘에 들켜 원자로가 폭격을 당한 적이 있다. 2007년 9월의 일이다.

노무현이 '북한 대변인 운운' 발언을 충분히 할 수 있는 인물이었다는 심증을 갖게 하는 사례가 또 있다. 2006년 10월9일 北이 핵실험을 하였을 때 노무현 정부는 의미 있는 제재를 취하지 않았다. 달러가 들어가는 금강산 관광도 중단시키지 않았다. 더구나 韓美동맹을 강화하여야 할 시점을 골라 '전작권 환수' 운운하는 선동적 수법으로 韓美연합사 해체(전작권 전환)를 결정하였다. 핵무장한 敵을 유리하게,

국군을 불리하게 만든 것이다.

2005년 11월 경주에서 미국의 부시 대통령과 만난 노무현 당시 대통령은, 미국 달러를 위조하다가 금융제재를 당하던 북한을 비호했는데, 부시로부터 신경질적인 반응을 불렀다.

김정일을 만나러 가기 한 달 전(注: 2007년 9월) 노무현은 호주 시드니 APEC 정상회담에 참석, 부시와 회담하는 자리에서 '기자들 앞에서 북한이 핵을 포기하면 美北 관계를 정상화할 용의가 있다는 말을 해 주었으면 한다'고 부탁했다(콘돌리자 라이스 前 美 국무장관 회고록《최고의 영예(No higher Honor)》). 2005년 9월19일의 6자회담 합의에 들어 있는 내용이라, 새로울 것이 없었다. 기자회견에서 부시는 충실하게 그 말을 되풀이했다. 갑자기 노무현 대통령이 이렇게 질문했다.

"내가 잘못 들은 것인지 모르겠는데, 부시 대통령께선 지금 한국전쟁 종전 선언을 언급하시지 않은 것 같습니다. 부시 대통령, 그렇게 말했습니까?"

부시 대통령은 盧 대통령의 참견에 다소 놀랐지만 앞의 설명을 반복했다.

"김정일이 검증 가능한 방법으로 핵무기와 핵개발 계획을 포기해야만 미국은 평화협정에 서명할 수 있습니다."

盧 대통령이 또 요구했다.

"김정일 위원장이나 한국 국민들은 그 다음 이야기를 듣고 싶어 합니다."

라이스 국무장관은 "모두가 당혹스러워했다"고 자신의 회고록에 적었다. 충격을 받은 통역자가 통역을 멈추고 있으니, 노무현 대통령은 그녀를 보고 계속하라고 밀어붙였다. 부시 대통령은 다음과 같이 좀 퉁명스럽게 말했다.

"더 이상 분명하게 이야기할 게 없습니다. 대통령 각하, 우리는 한국전쟁을 끝낼 것을 학수고대합니다. 김정일이 검증 가능한 방법으로 그의 핵무기를 없애야만 전쟁을 공식적으로 끝낼 수 있습니다."

한국 측 통역이 끝나자마자 부시는 어색한 분위기에서 벗어나기 위해서인지 먼저 자리에서 일어나 "쌩큐, 서(Sir)!"라고 말하면서 노무현 대통령에게 악수를 청했다. 노무현 대통령은 웃으면서 부시 대통령에게 감사했다. 라이스는 "그는 그 순간이 얼마나 괴상했는지(bizarre) 모르는 듯했다"며 "그의 예측불능 행태(unpredictable behavior)를 알고 난 이후엔 솔직히 말해서 한국으로부터 무엇을 기대할 수 있을지 모르게 되었다"고 회고록에서 밝혔다.

노무현이 김정일을 위하여, 무리하게 한국전 終戰(종전)선언을 끌어내고자 체면을 구겨가면서 애쓰고 있는 장면이다. 鄭 의원에 따르면, 그는 한 달 뒤 김정일 앞에서 (칭찬을 받으려는 학생처럼) '북한 변호를 열심히 하고 있다'는 취지의 말을 했다는 것이다.

평양發 北風

3. 질문 요지: 〈지난 달(注: 2012년 9월) 29일 북한 국방위원회 정책국 대변인이 북방한계선(NLL)에 대해 "미군이 제멋대로 그어놓은 불법·무법의 유령線(선)"이라고 주장한 내용 알고 있나? 또한 "10·4선언에 명기된 서해에서의 공동어로와 평화수역 설정 문

제는 NLL 자체의 불법·무법성을 전제로 한 것"이라고 말한 것도 알고 있는가? 북한 측의 말대로라면 2007년 남북정상회담이 NLL의 불법·무법성을 전제로 논의가 진행되었다는 주장으로 볼 수 있는 것 아닌가?〉

鄭文憲 의원의 이 질문은 의미심장하다. 북한은 김정일-노무현의 구두 약속을 10·4선언의 일부라고 해석, 서해 NLL은 불법이라는 전제하에 남한에 선심을 쓰는 척, '공동어로와 평화수역 설정을 논의하자'고 나온다는 이야기이다. 鄭 의원의 폭로가 정확하다면 북한정권은 차기 한국 정부에 대하여 "10·4선언의 裏面(이면)합의대로 NLL은 무효라는 전제하에 평화수역 설정 문제를 논의하자"고 압박할 것이다. 문재인 후보가 주장한 '10·4선언 실천'도 NLL 포기를 전제로 한 것이라고 의심하지 않을 수 없었다.

4. 질문 요지: 〈그런데 북한은 "북방한계선 존중을 전제로 10·4선언에서 합의된 문제를 논의하겠다는 박근혜의 떠벌림이나 북방한계선 고수 주장은 남북공동합의의 경위와 내용조차 모르는 무지의 표현"이라 말했음〉

박근혜 후보가 NLL를 존중한다는 전제하에서 10·4선언에서 합의된 문제를 논의하겠다고 하니 북한정권은 "김정일-노무현 회담에서 NLL은 무효화하기로 합의가 되어 있는데 그것도 모르고 NLL 고수 주장을 하고 있다"는 의미로 공격한다는 뜻이다. 북한정권이 정권 교체기를 맞아 차기 정부에 '김정일-노무현의 NLL 무효화 합의'를 기정사실화하려는 시도를 한 것으로 보인다.

'敵國과 합세하여 대한민국에 抗敵한 자는 사형에 처한다'

정문헌 의원의 폭로 이전부터 정통우파 세력은 6·15/10·4선언을 反헌법적-反국가적 문서로 규정, 폐기를 촉구해왔다. 두 선언을 '반역선언'이라 호칭하기도 하였다.

鄭 의원이 폭로한 대화록이 사실로 밝혀지면 노무현의 행위는 형법 93조의 與敵罪[여적죄: '敵國과 합세하여 대한민국에 抗敵(항적)한 자는 사형에 처한다']에 해당한다는 게 법률가들의 거의 일치된 판단이다. 與敵罪는 사형만 규정한 유일한 형법 조항이다. 봉건 시대에 王權(왕권)을 뒤엎으려 한 죄를 大逆罪(대역죄)라고 불렀는데, 여적죄와 비슷하다. 노무현이 대통령으로 재직 중일 때인 2008년 2월 말 국민행동본부는 그를 여적죄 등의 혐의로 검찰에 고발한 적이 있다(피고발인의 사망으로 수사 종결).

고발인은 국민행동본부장 서정갑, 피고발인은 노무현 대통령이고, 혐의는 형법상의 내란 및 外患(외환)의 罪, 즉 국가반역이다. 고발장은 피고발인이 '취임 이래 대한민국 건국의 정통성과 정당성을 부정하는 언동을 거듭하는 한편 직권을 남용하거나 직무를 유기하여 북한정권의 對南적화노선에 동조하는 정책들을 일관되게 추진함으로써 국가를 위기에 빠뜨렸다'고 요약하였다. 이어서 '북한정권은 형법상의 內亂(내란)집단이고 국가보안법상의 反국가단체이며 간첩죄 적용시의 準적국'임을 전제할 때, '피고발인의 집권 이후 일관된 언동 및 정책들은 外患罪 중 一般利敵罪(일반이적죄) 및 與敵罪에 해당하며, 內亂罪의 경우에도 그를 主犯(주범)으로 한 법리구성과 從犯(종범)으로 한 법리구성 모두 가능하다'고 주장하였다.

고발장은 '군사적 利敵행위'로서 韓美연합사 해체, 北核 용인, NLL 포기 등을 열거한 뒤 이렇게 지적하였다.

〈피고발인은 △主敵(주적)개념을 없애 군대의 존립자체를 무의미하게 만들고(2004년 국방백서), △군대를 "썩는 곳"으로, 軍원로들을 "거들먹거린다"고 비방하는(2006년 12월21일 外) 등 反軍(반군)선동에 앞장서는 한편, △휴전선상의 對北방송을 중단시켜 김정일의 골칫덩어리를 제거하고 북한군인들의 외부 정보源을 없애버렸으며(2004년 6월15일), △북한정권의 군사력 강화에 쓰이는 북한의 달러위조 등 국제범죄에 미국이 단속에 나서자 이에 협조하지 않고 사실상 방해했고, △김정일 눈치를 봐가면서 군사훈련을 축소하는 한편 △국군포로와 남북자 송환을 위한 노력은 일체 하지 않았습니다〉

헌법파괴자

고발장은 '대한민국에 대해선 적대적이고 主敵인 북한정권에 대해서는 우호적이었던 이 같은 행태는 △主敵의 내란행위인 對南적화공작을 방조하는 것인 한편 △대한민국의 군사상이익을 害(해)하고 主

敵의 군사상이익을 공여하고 △적국과 합세하여 대한민국에 抗敵(항적)한 것으로 볼 수 있다'고 주장하였다.

고발장은 이어서 노무현을 '헌법파괴자'로 규정하였다.

〈헌법수호가 第一(제일)임무인 대통령의 헌법파괴는 대통령이 범할 수 있는 가장 큰 범죄일 것입니다. 피고발인은 反국가단체인 북한정권이 '민족해방인민민주주의혁명(NLPDR)' 노선 아래 '국보법폐지-미군철수-연방제'라는 內亂 선동을 지속해왔음을 잘 알 수 있는 職責(직책)에 있으면서도, 북한의 對南노선에 동조하면서 특히 國體(국체)와 관련되는 헌법의 심장 제1, 3, 4조를 집중적으로 위반해 왔습니다〉

고발장은 피고발인 노무현이 '赤化로 가는 연방제-연합제 혼합방식의 통일방안을 추진한 것'을 문제 삼았다. 그가 주장한 연합제는 헌법 테두리 내 남북연합이 아니라 헌법을 위반한 국가연합이었다는 것이다. 고발장은 "2004년 2월24일 발언에 나오듯, 남북한을 각기 '地方政府(지방정부)'로 상정한 개념으로서 북한을 국가로 인정해선 안 된다는 헌법의 명령을 무시한 것"이라며 "이런 피고발인의 위헌적인 통일발상은 북한식 연방제를 수용한 6·15선언 실천과 이를 再수용한 2007년 10·4선언으로 이어졌다"고 명시했다.

고발장은 또 "피고발인은 '한국에서도 공산당이 허용될 때라야 비로소 완전한 민주주의가 될 수 있다고 생각한다(2003년 6월10일)'고 말한 데 이어 헌법재판소와 대법원이 국보법의 합헌성을 확인한 직후

'독재시대의 낡은 유물은 폐기하고 칼집에 넣어서 박물관에 보내는 것이 좋지 않겠는가(2004년 9월5일)'라며 국보법 폐지를 선동, 헌법정신과 國體를 모독했다"고도 했다.

고발장은, '민주화운동보상위원회가 간첩전력자를 비롯해 확정판결을 받은 각종 反국가단체, 이적단체, 金日成주의조직[소위 主思派(주사파)조직], 공산주의혁명 연루자들을 민주화운동가로 인정하여 국민세금으로 보상, 기념하고 있는데도 이를 적극적으로 지원함으로써 司法(사법)제도를 훼손하고 法治(법치)를 파괴'한 행위도 문제 삼았다. 좌익들의 무장 폭동을 비호한 혐의도 추가하였다.

독도를 팔아넘기는 것보다 더 나쁜 NLL 포기

수도권 방어의 생명선인 NLL 포기는 독도 포기보다 훨씬 심각한 安保(안보) 파괴이고 賣國(매국)이다. 일본은 우호국인데 북한정권은 敵이기 때문이다. 오랜 동안 事大(사대)주의에 찌든 한국인은 국가 생존의 문제를 미군에 맡겨놓고 사소한 데 목숨을 거는 저차원의 싸움을 하면서 웰빙 생활에 탐닉하는 경향이 있다. 自主국방 의지가 없는 사람들은 아무리 잘 살아도 노예근성을 갖게 되고 안보 문제를 강 건너 불구경하듯 한다. 鄭文憲 의원의 충격적 폭로가 있던 날 '국민의 방송'을 자처하는 국영방송 KBS의 '9시 뉴스'는 이 기사를 한 줄도 전하지 않았다.

鄭 의원의 폭로를 통해서 김정일-김대중-노무현으로 이어지면서 뿌리를 내린 從北반역의 구조를 그릴 수 있게 되었다. 이 반역적

구조는 평화와 번영을 구가하는 한국에 '內戰的(내전적) 구도'를 만들었다.

10·4선언에 드리워진 'NLL 포기-北核 용인에 대한 김정일-노무현 밀약'의 존재 가능성은, 6·15선언의 뒤에 '김대중-김정일의 주한미군 중립화 밀약'이 있었다는 사실과 연결된다. 10·4 밀약은 6·15 밀약을 계승한 것이고 그 최종 목표는 韓美동맹 해체와 남한 공산화라고 의심할 수밖에 없다. 전쟁 중인 나라에서 국민 몰래 敵將(적장)과 맺는 밀약은 자동적으로 역적모의가 된다.

남북한 좌익들은 '6·15선언 실천'을 '미군철수와 赤化(적화)통일'의 同義語(동의어)로 쓰고 있다. 김정일과 김대중이 합작하여 대한민국을 함정으로 빠뜨린 게 '6·15선언'인데 이의 폐기를 공개적으로 주장하는 정당이 없고 이명박 前 대통령은 문제점을 알고도 방치하였다.

4

확인취재 · '노무현−김정일 대화록'의 핵심 내용은 이렇다!

"너무 창피하고 화가 나서 다 읽을 수가 없었다"

확인취재·'노무현—김정일 대화록'의 핵심 내용은 이렇다!

盧-金 대화록 공개하면 '대한민국의 품격'에 문제가 생긴다?

2012년 10월25일 국회 운영위원회는 대통령실에 대한 國政(국정) 감사를 하였다. 鄭文憲(정문헌) 새누리당 국회의원이 폭로한 노무현—김정일 회담록 내용에 대한 문답이 계속되었다. 국회 속기록에 이런 내용이 실려 있다.

〈●서용교 위원: 지금 대통령선거를 앞두고 각 후보들이 이 NLL 문제로 난리법석을 치는데 政爭(정쟁)에 휘말리지 않기 위해서 그렇게 몸을 사린다고 하면 이것은 계속 더 문제가 커집니다. 어떻게 하면 공개해서 정리를 할 것인지 방안을 찾아야 되는데, 그

동안 뭘 했습니까?

• **대통령실외교안보수석비서관 천영우**: 그러나 이것이 지금 일단 국가안보에 영향을 미치는 비밀로 국정원에서 관리를 하고 있고, 또 이것이 공개되는 것 자체가 우선 법적으로 문제가 있는 뜻이 있고, 또 어떤 대한민국의 품격이라든지 이런 것하고도 관련되는 일이기 때문에 그것은 지금 공개를 할 수 없는 걸로 알고 있습니다〉

"또 어떤 대한민국의 품격이라든지 이런 것하고도 관련되는 일이기 때문에"는 무슨 뜻일까? 청와대 측의 설명에 따르면, 회담록에 적혀 있는 노무현 당시 대통령의 말이 너무나 수준 이하라 공개되면 '대한민국의 품격'을 떨어뜨린다는 뜻이라고 한다.

국정원에 보관 중인 노무현-김정일 단독회담 대화록(2007년 10월3일 오후, 평양 백화원 초대소, 배석자를 둔 회담)은 남측이 녹음한 것을 그대로 정리한 것이므로 표현이 적나라하다. 이 기록을 읽은 이들의 공통된 감상을 점잖게 요약한 것이 천 수석의 "대한민국의 품격에 관련된다"는 말이다. "속이 뒤틀려, 학생이 선생한테 보고하듯 하는 녹취록을 끝까지 읽을 수가 없을 정도였다"는 이도 있었다. 필자는 대화록을 읽어본 이들을 만나 讀後感(독후감)과 내용을 파악해 보았다.

최초의 讀者는 李明博 대통령

네 시간 정도 이어진 노무현-김정일 회담에서 주된 발언자는 盧

대통령이었다. 회담록의 약 3분의 2가 그의 발언이라고 한다. 국가정보원은 일단 보존 중인 회담록의 공개를 거부하였다. 새누리당은 민주당에 與野(여야) 공동으로 열람하자고 압박했으나 민주당은 응하지 않았다. 우파 단체들은 李明博(이명박) 대통령이 이 문서를 공개하지 않는 것은 역적모의에 동조하는 것이라고 주장했다. 이 문서 讀者(독자)들은 대체로 "보호해야 할 국가기밀이 없다"면서 "국민들에게 진실을 알려 남북 간에 이런 일이 일어나지 않도록 하고, 北이 차기정부에 노-김 밀약을 근거로 삼아 무리한 요구를 하는 것을 차단할 필요가 있다"는 견해였다. 국가정보원 바깥에서 이 녹취록을 읽은 최초의 인물은 李明博 대통령으로, 2008년 말에서 2009년 초 사이였다. 그는 요약본이 아니라 100페이지가 넘는 회담록 전체를 국정원에서 가져와서 읽었다. 집무실에서 읽다가 私邸(사저)로 가져가서도 읽은 듯하다. 안보 참모들도 이때 회담록을 읽었다.

　당시는 북한군의 금강산 관광객 사살 사건 이후 남북 대화가 단절되어 있었다. 北은 이명박 정부 쪽에 대화 가능성을 타진하면서 '10·4선언' 이행을 집요하게 요구하였다. 대통령은 노무현-김정일 회담에서 무슨 일이 있었는지를 알고 싶어 대화록을 가져오게 하였다고 한다.

"남한에선 아직도 NLL을 영토선이라고 주장하는 이들이 있는데…"(盧)

　李 대통령은 회담록을 읽고는 경악하였다고 한다. 참모들에게 "너

무 창피하다. 이 정도면 국민들에게 알려야 하는 것 아닌가"라고 했다. 복수의 인사들이 털어놓은 독후감은, '노무현은 교사한테 보고하는 학생 같았다', '盧 대통령이 너무나 굴욕적이라 도저히 다 읽을 수가 없을 정도였다', '대한민국 대통령이 反국가단체 수괴인 김정일한테 칭찬 받으려고 애쓰는 형국이었다', '盧 대통령은 두서가 없고 김정일이 오히려 신중하다', '노무현은 국익을 갖다 바치려 애쓰고 김정일이 오히려 말리는 편이다. 거의 賣國奴(매국노) 수준이다' 등이었다.

● **서해 NLL(북방한계선) 관련 언급:** 盧−金(노−김) 대화록을 읽고 난 청와대 관계자들은 北이 10·4선언 이행을 집요하게 요구하는 가장 큰 이유가 노무현이 김정일에게 NLL을 사실상 무력화 시키는 약속을 하였기 때문임을 알게 되었다고 한다. 그는 "남한엔 아직도 NLL을 영토선이라 주장하는 이들이 있는데…"라고 빈정대는 투의 말을 하고, "안보지도로서의 NLL 대신 경제지도를 긋자"는 취지의 이야기도 했다고 한다. 盧 당시 대통령은 NLL 수호 의지가 없음을 확실히 한 바탕에서 이야기를 이어 갔다. 다 듣고 난 김정일은 "그렇다면 (NLL) 관련법을 폐기하시오"라고 명령조로 이야기했다.

2012년 9월29일 북한의 소위 국방위원회 정책국 대변인이 말한 아래 내용이 盧−金 대화록 요지의 정확한 전달이다.

"10·4선언에 명기된 조선 서해에서의 공동어로와 평화수역 설정문제는 철두철미 북방한계선 자체의 불법 무법성을 전제로 한 북남 합의 조치의 하나이다. 북방한계선 존중을 전제로 10·4선언에서 합의된 문제를 논의하겠다는 박근혜 년의 떠벌림이나 다른 괴뢰 당국자들의 북방한계선 고수 주장은 그 어느 것이나 예외 없이 북남 공동합의의 경위와 내용조차 모르는 무지의 표현이다."

NLL이란 線(선)을 놓고도 자주 충돌이 일어나는데 NLL을 代替(대체)하는 공동어로수역이란 面(면)을 설정한다면 관리가 더 복잡해져 항구적인 분쟁수역이 될 것이 뻔하다. 북한은 어선도 무장을 하는데, 이들이 우리 측의 검문검색에 응하지 않고 彼我(피아) 선박이 섞이다가 충돌이 잦으면 결국은 수도권 방어의 생명선인 NLL은 유명무실해진다. 2005년부터 북한선박에 부산~제주해협 통과를 허용하였더니 그들은 검문 요구를 수시로 무시하였다.

'땅따먹기 놀이'

김정일과 만나고 돌아온 노무현은 NLL의 성격을 바꿔보려고 애쓴다. 그는 2007년 11월1일 이런 발언을 하였다. 〈조선일보〉를 인용한다.

〈盧武鉉(노무현) 대통령이 NLL(서해상 북방한계선)을 지켜야 한다는 국내 일부 주장을 어렸을 적 '땅따먹기 놀이'에 비유하면서 이해관계가 걸린 실질의 문제가 아니라 정서상의 문제일 뿐이라는 취지로 말했다. 노 대통령은 1일 민주평화통일자문회의 상임위원을 상대로 한 연설에서 "그림까지 딱 넣고 합의 도장을 찍어버려야 하는데 조금 더 북쪽으로 밀어붙이자, 남쪽으로 내려오자 옥신각신하고 있다"면서 "실질적으로는 거의 아무런 이해관계가 없는 문제를 놓고 괜히 어릴 적 땅따먹기 할 때 땅에 줄 그어놓고 니 땅 내 땅 그러는 것과 같다"고 말했다.

노 대통령은 "어릴 때 책상 가운데 줄 그어놓고 칼 들고 넘어오기만 하면 찍어버린다. 꼭 그것과 비슷한 싸움을 지금 하고 있는 것"이라고 말했다. 노 대통령은 이어 "다시 긋는다고 우리나라에 뭐 큰일이 나고 당장 안보가 위태로워지는 것은 아니지만 우리 국민들의 북쪽에 대한 정서가 아직 양보하는 것은 용납할 수 없다는 것"이라고 말한 뒤, 그래서 이번 남북정상회담에서 서해평화지대 설치로 우회적으로 해결한 것이라고 말했다.

노 대통령은 NLL이 ▲합의되지 않은 선이다 ▲국제법상 영토선 획정 기준에 맞지 않는다는 북한 주장에 대해 "그것은 사실"이라면서 "하지만 내 마음대로 줄긋고 내려오면 아마 판문점 어디에서 '좌파 친북 대통령 노무현은 돌아오지 말라, 북한에서 살아라' 이렇게 플래카드 붙지 않겠느냐"고 말했다〉

노무현은 이 연설을 통하여 자신이 김정일에게 약속한 것을 공개해버린 셈이다. 즉, 'NLL은 꼭 지켜야 할 이유가 없는 것', '영토선이 아니란 북한 주장이 맞다', 'NLL의 성격을 우회적으로 변질시키자' 등이다.

북한은 10·4선언 후속조치로 열린 남북 국방장관 회담에서 공동어로수역을 NLL 남쪽에 설정하는 안을 내어놓았고(명백한 영해 침범), 한국은 NLL을 중심으로 남북 등거리 설정 안을 냈다. 북한이 이를 받아들이지 않고 盧 대통령도 김장수 국방장관을 압박하지 못했다. 大選(대선)정국에서 이명박 후보의 당선이 확실해졌고 여론과 언론도 NLL 포기에 반대하여 추진동력을 잃었다.

당시 이재정 통일부 장관은 노무현-김정일 회담 직후인 2007년 10월17일 국정감사 때 이화영 의원과 이런 문답을 나눴다.

〈●이화영 위원: 그 다음에 서해평화협력특별지대에 공동어로수역을 정하도록 돼 있지 않습니까? 그러면 NLL을 기준으로 해서 등거리, 등면적일 가능성이 매우 높지요?

●통일부장관 이재정: 아직 이 문제는 논의를 하지 않았습니다만, 아까 이야기가 잠시 나왔습니다만, 남북 관계는 꼭 상호주의라는 그런 원칙 아래 등거리, 등면적 원칙을 정해서 논의한다는 것은 저는 적절치 않다고 그렇게 판단을 합니다〉

NLL이란 군사경계선을 포기하고 공동어로수역으로 만드는 것도 문제인데, 등거리-등면적 원칙도 고집할 필요가 없다는 건 사실상 NLL의 성격을 본질적으로 변경하겠다는 내심을 비친 것이라고 봐야 할 것이다. 노-김 회담록에 담겨 있는 NLL 관련 발언을 짐작하게 한다.

核 포기 요구 없고, 反美的 발언

●"北 대변 열심히 한다": 정문헌 의원은 "북핵 문제와 관련, 대통령은 '내가 전 세계를 돌아다니면서 북한이 핵 보유를 하려는 것은 정

당한 조치라는 논리로 북한 대변인 노릇을 열심히 하고 있으니까 북한이 나 좀 도와 달라'고 했다"고 주장하였다. 대화록을 읽은 한 사람은, "핵개발을 하는 북한 입장을 변호하고 다닌다는 취지의 이야기를 한 것은 사실이다"고 했다. 노무현은 그 전에도 '우호적인' 언론인들 앞에서 "인도 핵은 되는데 북한 핵은 왜 안 되는지 이해할 수 없다"는 취지의 放言(방언)을 했다고 하니 '北 대변인 노릇'이 나올 법도 하다.

●美國 비난: 노무현은 "미국의 BDA 조치는 잘못되었다"고 말하였다. 북한이 위조달러를 만드는 등 국제적 범죄를 저지르는 것과 관련하여, 미국이 北의 거래 은행인 방코델타아시아 은행에 취한 금융제재 조치를 비방한 것이다. 형사가 범인 앞에서 동료 형사를 욕한 격이었다.

●北核(북핵) 폐기 요구 실종: 회담록에는 노무현이 회담의 가장 중요한 문제여야 할 北核폐기에 대한 의미 있는 요구를 한 대목이 없다고 한다. 특히 北核 문제의 핵심인 고농축우라늄 문제는 거론되지 않았다. 이런 노-김 회담에 입각하여 10·4선언은 '남과 북은 한반도 핵문제 해결을 위해 공동으로 노력하기로 하였다'고만 했다. '한반도 핵문제'란 용어는 북한식이다. 문제가 된 것은 北核이지 '한반도 핵문제'가 아니다. 북한이 말하는 '한반도 핵문제'는 미국이 한반도에 핵을 도입하거나 보유를 하지 않아야 한다는 주장을 하기 위하여 만든 용어이다. 한국에 대한 미국의 핵우산 제공을 트집 잡기 위한 용어혼란 전술에 노무현이 동조한 셈이다.

●평화협정 종용: 노무현은 김정일에게 "부시 대통령과 김정일 위원장, 그리고 나 세 사람이 終戰(종전)선언을 위한 회담을 하고 평화협

정을 맺읍시다"라는 요지의 말도 한다. 미국은 북한이 핵개발을 포기한 다음에라야 평화협정을 맺을 수 있다는 태도를 분명히 하였는데도 노무현은 北核 폐기 요구 없이 종전선언과 평화협정을 꺼냈다. 김정일은 이에 관심을 보인다. 그는 핵무기를 보유한 채 평화협정을 통하여 韓美(한미)동맹 해체와 주한미군 철수라는 宿願(숙원)을 이룰 수 있을지도 모르겠다고 생각하였을 것이다.

●反美(반미)여론을 자랑?: 노무현은 김정일에게 이런 요지의 말도 했다.

"위원장께선 너희가 뭘 하고 있느냐고 하시지만 우리도 열심히 합니다. 주한미군이 수도권에서 나가게 되어 있고 戰時(전시)작전권도 미국으로부터 환수하게 되어 있습니다. 최근의 여론조사에 따르면 우리의 안보에 가장 위협적인 나라로 미국이 꼽혔고, 두 번째가 일본, 세 번째가 북한입니다. 10년 전엔 상상도 못할 일입니다."

노 당시 대통령은 "이렇게 바뀐 것은 자주외교와 민족공조를 꾸준히 추진한 결과입니다"라는 요지의 해설을 덧붙였다. 그는 "그래도 미국은 세계 최강국이므로 내가 가끔 親美(친미)할 수밖에 없다"는 요지의 말도 했다. 反美가 당연하지만 親美도 해야 한다는 뉘앙스의 이야기였다. 2006년 우호적인 신문사 간부들과 만난 자리에서도 노무현 대통령은 한미FTA 추진과정을 설명하면서 〈'이 말을 들으면 사람들이 나를 親美派(친미파)라 부를 것'이라고 농담을 하였다〉고 한다.

그는 좌파언론과 김정일 등 '이념적 동지들' 앞에선 '친미적' 정책을 취한 게 무슨 죄나 짓는 일인 양 어색해 한 듯하다.

作計5029 계획 막았다고 자랑

● **작전계획 5029**: 노무현 대통령은 2006년 8월13일 〈한겨레〉 등 '우호적' 신문사 간부들을 초청, 저녁 식사를 같이 하면서, 韓美 간의 북한급변 대책인 5029 계획을 비판하였다. 그는 김정일 앞에서도 "5029는 미국이 하자는 계획인데, 내가 반대하여 막았다"는 요지의 말을 하였다고 한다. 5029는 北侵(북침) 계획이 아니라 북한 급변 대책이다. 2011년 2월 〈조선일보〉 장일현 기자는 이렇게 정리하였다.

〈한·미 당국은 김대중 정부 시절인 1999년부터 북한 급변사태에 대한 대비책을 논의하기 시작했다. 이때 만든 게 '개념계획(CONPLAN) 5029'다. 개념계획은 병력 동원이나 부대 배치 등이 담겨 있지 않은 추상적인 시나리오다. 한·미 군 당국은 노무현 정부 들어서도 '작전계획 5029'를 만들어야 한다는 주장을 폈으나 노 전 대통령과 청와대 국가안보회의(NSC)의 반대로 뜻을 이루지 못했다. 전임 두 정권은 한·미가 북한 급변사태를 상정한 군사작전 계획을 짠다는 발상 자체를 받아들일 수 없었던 것이다. 이명박 정부 출범 첫해인 2008년 여름 북한 김정일이 뇌졸중으로 쓰러지자 5029를 언제든 실행 가능한 작전 계획으로 바꿔야 한다는 미국측 요구를 거부할 명분이 사라졌다. 그리고 1

년여의 협의 끝에 作計(작계) 5029가 완성됐다〉

이명박 정부의 안보 담당 핵심 간부는, "노무현 세력은 북한에 급변 사태가 발생해도 이를 통일로 가져갈 생각을 않는다. 북한정권을 살려서 연방제 통일을 하려고 한다. 5029의 완성으로 한미는 북한 급변 사태를 통일의 계기로 삼기로 한 셈이다"고 설명했다. 5029 계획을 둘러싼 對北觀(대북관) 및 통일관의 근본적인 차이가 드러난 셈이다.

김대중-노무현 정권과 從北(종북)좌파 세력은 反국가단체 수괴와 맺은 反헌법적인 6·15/10·4선언에 입각, 헌법 제4조의 명령인 '평화적 자유통일'을 부정하고, 공산주의를 용인하는 북한식 연방제 통일안을 상당 부분 받아들였다.

수십 兆 퍼주기 약속하고도 국군포로 이야기 안 꺼내

● 쐐기 박기: 〈문화일보〉는 2012년 10월9일 〈노무현 전 대통령이 '10·4선언' 합의를 도출하는 과정에서 수십조 원이 소요되는 것으로 추정되는 남북협력사업을 제안하면서, 김정일에게 '(내년에 정권이 바뀌지만) 이럴 때일수록 대못질을 해야 한다'며 밀어붙인 것으로 알려졌다〉고 보도했다. 신문은, 〈노 대통령은, 정상회담 당시 김 위원장이 '두 달 후가 되면 (남한에서) 대선이 치러지고, 내년에는 정권이 바뀌는데 이렇게 해도 되겠는가'라고 묻자 이 같이 답변했다〉고 전했다. 확인 결과 노무현은 '대못질'이 아니라 "그러니까 (차기 정부에) 쐐기를 박자는 것 아닙니까"란 요지의 표현을 썼다.

노무현과 김정일 사이에 오고간 대화를 남북공동선언문으로 정리한 것이 10·4선언이다. 그야말로 대한민국의 심장과 뇌수에 박아놓은 대못이다. 요약하면 '우회적인 방법으로 NLL 무력화, 北核 사실상 용인, 핵 포기 안 된 상태에서 終戰선언 추진 등 韓美(한미)동맹 해체로 갈 조건 조성, 造船(조선)공단 건설과 철도 및 고속도로 改補修(개보수) 등 막대한 對北 퍼주기 식 지원 약속' 등이다. 노무현은, 민족반역 집단에 수십 兆(조)가 들어갈 지원 약속을 하고도 국군포로와 납북자를 돌려달라는 이야기를 한 마디도 꺼내지 않았다. 이 점이 노-김 회담의 逆謀性(역모성)을 雄辯(웅변)한다.

'한국군의 존재 목적은 북한군이 아니다'

노-김 대화록 내용을 취재하는 과정에서 분위기가 흡사한 자료를 구했다. 독자들이 노무현의 思考(사고)구조와 話法(화법)을 이해하는 데 도움이 될 자료이다.

2006년 8월19일 주한미국 대사관 부대사 조셉 윤이 본국으로 보고한 '노무현 대통령의 비공식 논평: 戰作權(전작권), 북한, 미국정부, 그리고 국내 정치에 대하여'라는 電文(전문)은 폭로 사이트 위키리크스에 공개된 문서이다. 여기서 드러나는 노무현의 안보 및 對北觀(대북관)은 상당 부분 1년 뒤 김정일을 만났을 때 말하는 내용과 같다. 電文의 주요 부분을 소개한다.

〈노무현 대통령은 8월13일, '우호적'이라고 평가되는 한겨레, 경향, 서울신문 등 몇 개 신문사 초청 만찬을 가졌다. 저녁 식사를 하면서 노무현은 전작권, 韓美(한미)동맹, 북한, 한미FTA 등의 주제들에 대하여 솔직한 논평을 하였다. 한국에선 '오프 레코드'(비공개 약속) 같은 것은 지켜지지 않는다, 특히 언론인들이 관련되면. 대화록은 그 만찬에 참석하였던 한 편집 간부가 우리에게 준 것이다.

●**요약 및 논평**: 노무현의 솔직한 話法은 여러 번 그를 곤혹스럽게 만들었는데 이번도 예외가 아니다. '한국군의 목적은 북한군이 아니라 일본과 중국에 대응하기 위한 것'이라고 노무현이 공개적으로 인정한 건 놀랍다. 언론을 상대로 그런 발언을 했다는 것이 충격적이다. 노무현이 자신은 레임덕이라고 사실상 인정한 것도, 아직 임기가 17개월이나 남아 할 일이 많다고 생각하는 정부 인사들에겐 암울한 것이다. 이런 발언에서 패배의식에 젖어 있고 자신이 억울하다고 느끼는 대통령의 이미지가 떠오른다.

노무현의 발언 요약

●**5029 문제**: 전작권(전환)문제는 미국과의 논의에 기초하여 추진 중이다. 보수언론은 이 문제에 대하여 공세를 취하고 있는데, 10년 전엔 그들이 요구하였던 일이다. (노무현은 보수 언론에 대한 적대감을 드러냈다) 많은 비판자들은 한국군의 능력을 의심한다. 그러나 우리는 북한이 아니라 일본과 중국에 대항할 수 있는 방어태세를 갖출 수 있도록 군사력을 증강시키려고 노력 중이다.

국방부는 시급히 일본이 보유한 장비를 갖추어야 한다.

對北(대북)억지력에 대한 이야기는 주요한 점을 놓치고 있다. (그는 북한의 낙후성에 대하여 언급하였다) 전작권 전환 이후에도 방어에 틈이 생기지 않을 것이다. 軍事主權(군사주권)의 본질은 우리가 가진 권한을 행사하는 것이다.

작전계획 5029의 세부 사항은 바꿔야 한다. 현재의 계획은 미군이 북한으로 진격하여 상황을 통제하는 데 주로 집중되어 있다. 만약 그렇게 된다면 심각한 사태가 일어날 것이다. 중국은 미군이 中北(중북) 국경지역으로 접근하는 것을 원하지 않는다. 만약 북한에서 비상사태가 발생하면 미국과 중국은 (한국과 의논도 하지 않고) 북한을 놓고 경쟁할까 걱정이다.

• **북한 핵문제와 6자 회담**: 현재로선 우리가 할 일이 없다. 이 문제를 다음 정부에 넘기는 수밖에 없다. 이 문제가 더 악화되지 않도록 상황을 관리해야 한다. 나는 지금 곤혹스럽다. 미국은 김정일 정권을 붕괴시키려 하므로 우리 입장을 전달하기가 어렵다. 한편 북한은 완고하다. 한국은 중간에 끼였다. 중국은 북한이 핵무기를 가지려는 데 대하여 크게 걱정하지 않는 것 같다. 그들은 北의 핵 기술을 높게 평가하지 않는 것 같다. 북한의 경우는 인도의 경우와 비슷한데도, 나는 (북한은 안 되고) 인도는 핵무기를 가져도 되는지 이해할 수 없다. 미국이 핵무기를 가졌다고 한국인이 불안해 하나?

─참석자 질문: 미국과 중국이 한국으로 하여금 북한과 협상하도록 위임한다면 어떻게 될까?

—노무현 답변: 미국은 절대로 그렇게 하질 않을 것이다. 그런 가능성이 있다면 미국은 北과 직접 교섭할 것이다. 미국은 북한을 야만으로 간주한다. 미국은 야만인들에게 문명(민주주의, 시장경제 등)을 강요하던 식으로 나올 것이다. 미국은 北을 공정하게 대우하지 않는다.

●**미국 정부**: 안보문제에 관하여 부시 정부와 이야기하기가 쉽지 않다. 정동영-김정일 회담부터 9·19 공동합의까지는 상황이 괜찮았으나 미국이 BDA 문제를 들고 나오면서 바뀌었다. 이상하게도 부시 대통령은 개인적으로 나를 좋아한다고 생각한다. 이건 하나의 자산이라고 믿는다. 국방개혁은 매우 어렵다. 윤광웅 장관이 아니었더라면 국방개혁을 생각하지 못하였을 것이다. 내가 취임한 뒤 국방부에 처음 갔을 때 나는 국방부 간부들이 나를 조롱한다는 인상을 갖게 되었다. 그들이 (내 앞에서) 한국군과 북한군의 능력을 단순 비교하는 것을 보고는 이들이 (나를) 국방부를 방문한 보통사람 취급한다는 인상을 받았다. 한국군의 생각은 시대에 뒤떨어졌다.

●**보수언론**: 나는 지금 퇴임하기 전에 상황을 개선하는 일에 최선을 다할까, 아니면 포기해버릴까 생각이 왔다 갔다 한다. 그렇다고 國政(국정)운영에 관심이 없다는 건 아니다. 조선, 중앙, 동아일보는 모두 나를 끌어내리려 한다. 세 신문은 정치권력화되었다. 나는 내 지지율이 떨어지더라도 이 세 신문의 영향력이 떨어지도록 하고 싶다. 이는 내 후임자를 위하여서도 좋은 일이 될 것이다.

●FTA: 韓美FTA보다 전작권 전환이 더 쟁점이 되어 나는 덜 부담스럽다. 나와 같은 생각을 가진 1000명이 나의 퇴진을 요구하는 시위를 벌이는 건 1만 명의 보수가 시위하는 것보다 더 나를 괴롭게 한다. (중략) 우리가 강대국들로부터 어떤 대우를 받는가가 중요하다. 미국은 미국과 FTA를 맺으려 한 25개 국가 중 한국을 FTA 상대자로 선택하였다. (노무현은 이 말을 들으면 사람들이 자기를 親美派(친미파)라 부를 것이라고 농담을 하였다)〉

노무현 당시 대통령은 '우호적인' 언론인들 앞에서 긴장을 풀고 공개되면 큰 문제가 될 만한 발언들을 쏟아내었다. 북한 급변사태에 대한 韓美 양국의 군사적 대비계획인 5029에 대한 거부감, 한국군의 존재 목적이 북한군의 남침 억지가 아니라는 발언, 北核 옹호성 발언, 親北反美的(친북반미적) 화법은 1년 뒤 김정일 앞에서 그가 털어놓은 말들과 맥락이 닿아 있다. 두 경우 다 '이념적 동지들' 앞에서 솔직하게 자신을 드러낸 말이란 느낌마저 들 정도이다.

5

月刊朝鮮이 입수·공개한
盧-金 대화록 발췌본

月刊朝鮮이 입수·공개한
盧-金 대화록 발췌본

〈월간조선〉 2013년 2월호는 정부의 고위소식통으로부터 〈남북정상회담 대화록 검토〉라는 제목의 對外秘(대외비) 보고서를 입수했다.

이 문건은 李明博(이명박) 정부가 남북정상회담을 준비하고 있던 2009년 5월, 두 차례의 평양회담 때 김대중·노무현의 발언 중 주요 대목 또는 문제 부분을 발췌해 정리한 것이다.

A4 용지로 모두 10쪽인 보고서의 상단에는 '대외비 09. 5. 11 限(한) 파기'라고 적혀 있다. 문건을 만든 곳은 국가정보원인 것으로 알려졌다.

검찰에 제출된 국정원의 노무현-김정일 대화록 요약본도 이 문서와 거의 같은 내용인 것으로 확인되었다.

「南北 정상회담 대화록」 검토(全文)

남북 정상 간 '대화록'은 주로 '공동선언문' 의제 논의에 집중되어 있으나, 국가 정체성 훼손 및 국가수반으로서 위신 손상 등 문제점 상당

문제점

① 편향적 對北觀(대적관)과 안보의식 결여로 국가정체성 훼손
○ NLL·北核문제 관련 북한 입장 지지 및 對北 우호적 발언 남발 등 국가원수로서 안보개념 희박

> ▲ "이종석이 보고 우리가 경수로 짓자 미국 제끼고… 얘기했음. 경수로 꼭 지어야 함"
> ▲ "NLL은 국제법적 · 논리적 근거가 분명치 않고, 헌법문제도 절대 아님. 얼마든지 내가 맞서 나갈 수 있음"
> ▲ "외국과의 정상회담 시 나는 북측의 대변인 · 변호인 노릇을 했으며, 6者회담에서의 북측 입장을 갖고 미국과 싸워 왔음"(이상 노무현)

② 형식적인 남북관계 진전에 집착, '북한에 끌려다니기'式 회담
○ 합의 이행을 次期(차기) 정부에 떠넘겨 現 정부의 입지를 축소시키고 '남북경협 = 북한의 시혜'라는 인식을 공공연히 표출, 협상력 저하

> ▲ "어떤 정부가 와도 화해 · 통일의 길을 못 막도록 하는 것이 저의 소원"(김대중)

逆賊모의

> ▲ "다음 대통령이 누가 될지 모르니 쐐기를 박아 놓자는 것"
> ▲ "조선공업 같은 것은 남측을 위해 돌파구를 열어주셔야 됨", "남측 학자들이 북측 도로 건설에 90조가 든다고 하는데 헛소리로, 1/10이면 됨"(이상 노무현)

③ 북한 입장 대변 등 노골적인 북한 편들기

○ BDA·일본인 납치문제 관련 북한 주장에 동조, 북한의 불량국가 행태를 용인하고 韓·美·日 공조 균열을 자초

> ▲ "분명히 얘기하는데 BDA 문제는 미국의 실책으로, 부당함"
> ▲ "납치문제 관련 일본이 생트집 잡고 있다고 써놓은 책도 있고… 駐韓 日本 대사에게 납치 일본인 다 귀환하지 않았냐고 했음"(이상 노무현)

④ 김정일에 대한 과도한 '저자세'로 국가위신 실추

○ '김정일 띄워주기·환심 사기' 발언을 남발하고, 訪韓 간청·청탁성 어투 등으로 대등한 협상이 아닌 김정일 주도의 회담 진행 초래

> ▲ "좌우간 김위원장 존경합니다. 민족을 위해 탁월한 말씀을…"(김대중)
> ▲ "내가 분계선 넘은 사진 하나로 남측은 아마 수兆원 벌었음", "남측은 데모가 너무 자유로운 나라라서 모시기도 그렇게… 우리도 좀 어려움이 있음"
> ▲ "임기 마치고 평양 좀 자주 들락날락하게 할 수 있게…"(노무현)

평가

○ 상기 문제발언은 전임 대통령들이 좌편향적 對北인식을 바탕으로 '공동선언' 합의라는 정치·상징적 결과물에 대한 과도한 집착에서

비롯
- 특히 납북자·국군포로·인권 등 북한이 껄끄러워 하는 문제에 대한 '의도적 침묵'으로 남북관계의 잘못된 관행을 고착화
○ 특히 군사적으로 대치 중인 북한의 권력자와 대화라는 점에서 문제점 다대
- 국가정체성 훼손, 국익저해, 국가위신 추락, 노출 시 美·日의 불신 초래 등 부정적 파급 영향과 함께
- 북한이 정상회담 발언을 '김정일 위대성' 선전 등 내부 교양자료로 활용하고, 향후 남북관계에서 악용할 수 있는 소지를 제공

정상회담 직후(2007년 10월) 내부 강연자료를 통해 "美·日의 對北 압박을 타파한 국제적 혁명환경 제고", "南조선업계의 파산위기를 막기 위해 조선협력 합의" 등 선전

→ 국정원은 이 같은 정상회담의 결과물인 '6·15 및 10·4선언'의 문제점을 대내외에 전파하여, 북한·좌파의 전면이행 주장을 제압하고 우리 對北정책의 정당성을 부각해 나가겠음. 끝.

※붙임 : 1. '남북 정상회담'의 주요 문제 발언
2. '대화록' 중 주요 현안에 대한 김정일의 언급내용

1. '남북 정상회담'의 주요 문제 발언

(1) 편향적·감성적 對北인식

▲ "내가 원하는 우리 문제는 우리가 자주적으로 해결한다는 것입니다"(김대중)

▲ "(김정일의 우리가 한 민족이라는 언급에 대해) 남북이 (對美日 등 관계에서) 세게 하면 고립이 되지만, 자리를 잡고 난 뒤에 세게 하면 자주가 되거든요. 자주가 고립이 아니라 진짜 자주가 될 수 있도록…"

▲ "오늘 아리랑 공연에 대해서도 이런저런 말을 하는 사람들이 있으나, 나는 큰 기대를 하고 있습니다"(이상 노무현)

→ 북한의 '용어혼란 전술' 사례인 '자주'를 무비판 수용, 김정일 우상화·체제선전물 '아리랑' 공연에 대한 기대감 표명 북한의 이념적 주장에 호응

▲ "北도 그렇겠지만, 南도 어떠한 대북 군사행동도 반대하고 또 누가 해도 반대함"(김대중)

▲ "그동안 외국 정상들의 북측에 대한 얘기가 나왔을 때, 나는 북측의 대변인 노릇 또는 변호인 노릇을 했고 때로는 얼굴을 붉혔던 일도 있습니다"

▲ "남쪽에서도 군부가 뭘 자꾸 안 할라고 합니다. 이번에 군부가 개편되어서 사고방식이 달라지고 평화협력에 대해 전향적인 태도를 갖고 있습니다"(이상 노무현)

→ 從北좌파적 시각과 함께 '軍'까지도 전향적·유화적 對北 분위기로 전환되었다고 강조, 북한이 통일전선전술 구사에 대해 자신감을 갖도록 오도

(2) 국가원수로서 안보의식 결여

▲ "국가보안법은 나도 10년 전부터 상당히 개정을 해야 한다고 주

장했습니다만 야당이 반대해서 못하고 있습니다"(김대중)
- ▲ "대한민국 수도 한복판에 외국군대가 있는 것은 나라 체면이 아니다. 보냈지 않습니까. 2011년 되면 나갑니다"
- ▲ "우리는 북측이 굳건하게 체제를 유지하고 안정을 유지한 토대 위에서 경제적으로 발전하는 것이 이익이라고 생각하고 있습니다"
- ▲ "작계 5029라는 것을 미측이 만들어 가지고 우리한테 거는데… 그거 지금 못한다. 이렇게 해서 없애버리지 않았습니까. 우리는 전쟁상황 자체를 동의하지 않기 때문에 그건 뭐 갈 수 없습니다"(이상 노무현)
- → 북한의 '국가보안법 폐지·駐韓미군 철수' 동조, 北 체제 인정 및 군사비밀인 '작계 5029' 언급 등 국가안보 소홀

- ▲ "NLL문제, 그것이 국제법적인 근거도 없고 논리적 근거도 분명치 않은 것인데… 남측에서는 이걸 영토라고 주장하는 사람도 있습니다. 헌법문제라고 나오고 있는데 헌법문제 절대 아닙니다. 얼마든지 내가 맞서 나갈 수 있습니다"
- ▲ "안보군사 지도 위에다가 평화경제 지도를 덮어 그려 서해평화협력지대라는 큰 그림을 그려보자는 것입니다"(이상 노무현)
- → 남북기본합의서 등을 통해 남북이 서해경계선으로 확인한 NLL을 무시, 북한이 NLL 무력화 빌미를 제공

- ▲ "나는 지난 5년 동안 북핵문제를 둘러싼 북측의 6자회담에서의

입장을 가지고 미국하고 싸워왔고, 국제무대에서 북측 입장을 변호해 왔습니다"
- ▲ "남측에서 이번에 가서 핵문제 확실하게 이야기하고 와라… 주문이 많죠. 근데 그것은 되도록 가서 판 깨고… 판 깨지기를 바라는 사람들의 주장 아니겠습니까"(이상 노무현)
- → 우리의 최대 안보현안인 북핵문제에 대해 '국제사회에서 北 입장 옹호'·논의 회피 등의 위험한 안보관 표출

(3) 대못박기·협상입지 약화 자초 등 國益 저해
- ▲ "(공동선언 서명과 관련) 서울에 외국통신 600여 개가 기다리고 있는데 오늘 늦게라도 되어야 내일 아침신문에도 나오고 전 세계에 나오고 나서, 서울에 가야됩니다"
- ▲ "어떤 정부가 들어오더라도 민족의 화해와 통일의 길을 바꾸지 못하도록 하는 것이 저의 소원입니다"(이상 김대중)
- ▲ "내가 원하는 것은 시간을 늦추지 말자는 것이고… 또 다음 대통령이 누가 될지 모르니까… 뒷걸음질치지 않게… 쐐기를 박아놓자"(노무현)
- → '보여주기 위한 성과 도출' 욕구로 합의이행 부담을 次期정부에 전가, 차기정부의 역할과 입지를 축소시키는 행위

- ▲ "북쪽 노동력은 중국보다 훨씬 우수하고 노임도 안 비싸고요, 경쟁력이 훨씬 있습니다. 남측 기업가들이 노리는 것은 북쪽 노동력의 우수성과 노임이 높지 않다는 것, 이걸 이용해서 세계로

투자하는 겁니다"(김대중)

▲ "조선공업 같은 것은 우리 남측을 위해서 돌파구를 열어주셔야 됩니다. 우리도 점차 중국에서 푸대접을 받기 시작하거든요. 조선부품이라든지, 우리도 중국 아닌 다른 쪽으로 가야 됩니다"

▲ "남측에서 학자들이 도로 닦는 데 90조가 들어가느니 하는데, 다 헛소리라고 나는 보는 것입니다. 북측은 국유토지이기 때문에 남측에 건설하는 도로의 10분의 1 정도면 건설할 수 있거든요"

▲ "서해평화협력지대를 만든다는 데에서 반대하는 사람은 아무도 없습니다. 반대를 하면 하루아침에 인터넷에서 바보가 되는 겁니다. 이제는 기업 하는 사람들이 북측과 같이 손잡고 가야 이 위기를 극복해 나갈 수 있습니다"(이상 노무현)

→ '남북경협 = 북한의 시혜'라는 인식을 노출하면서 인터넷 여론을 과신, 우리 역량을 과소평가하고 경협 관련 북한의 입지를 강화

(4) 북한의 對外인식에 동조, 외교적 문제 야기 소지

▲ "분명히 얘기를 하는데… BDA 문제는 미국의 실책인데… 북측에 손가락질하고 북측보고 풀어라 하고, 부당하다는 거 다 알고 있습니다"

▲ "뭐 제일 큰 문제가 미국입니다. 나도 역사적으로 제국주의 역사가 사실 세계인들에게 반성도 하지 않았고 오늘날도 패권적 야망을 절실히 드러내고 있다는 인식을 갖고 있으며 저항감도 가지고 있습니다"

▲ "지난번에 일본대사가 이임하면서 찾아 왔길래… 당신들 요구

가 뭐냐 물었더니 사람 돌려달라. 다 돌아갔잖냐 했더니 더 있다는 겁니다. 어떻게 증거가 있냐 이랬더니. 하여튼 못믿겠다는 말만 하는 겁니다"(이상 노무현)

→ 북한의 명백한 불법행위로 인한 BDA 문제를 정당화시키고, 일본의 납치 문제 관련 北 주장을 대변하는 등 북한의 對外인식에 동조, **韓美日 공조 훼손**

▲ "이종석이 보고 우리가 경수로 짓자 미국 제끼고… 얘기했음. 몇 번 말로 하니까 안 된다 그래서 보고서를 써내라고 지시했습니다"

▲ "우리는 경수로 꼭 지어야 합니다. 궁극적으로는 경수로 문제 뭐 그것은 우리가 적극적으로 주장하고 협력할 것입니다"(이상 노무현)

→ 북한의 'AF'(1994년 10월) 파기로 인한 '경수로 건설' 중단과 관련 우리 측 단독으로 건설 가능성을 제시, 공개 시 우리와 美·日과의 갈등 유발 가능성

▲ "김 위원장께서 북미관계 개선을 위한 문만 열어놓는다면 미국이 이에 상응한 관계개선 조치를 속도를 내서 취하도록 계속 재촉할 것입니다"

▲ "이번 정상회담에서 우리 민족의 장래를 위해 남과 북이 주도해서 평화체제 협상을 시작하기로 했다는 것을 전 세계에 공표하게 될 수 있으면 좋겠습니다"(이상 노무현)

→ 북핵문제 해결이 전제되지 않는 상태에서 성급한 평화체제 논의를 先 제기

(5) 김정일에 대한 지나친 '저자세'로 국가 품위 손상
▲ "(김정일의 駐韓美軍 용인 발언에 대해) 좌우간 김 위원장 존경합니다. 민족을 위한 탁월한 말씀을…"(김대중)
▲ "위원장하고 김대중 대통령하고 6·15 때 악수 한 번 했는데, 남쪽 경제에 수조원, 수십조원 번 거거든요. 내가 분계선을 넘어선 사진으로 남측이 아마 수조원 벌었습니다"
▲ "(김정일이 訪韓에 대해 부정적으로 언급하자) 남측은 데모가 너무 자유로운 나라라서 모시기도 그렇게… 우리도 좀 어려움이 있습니다"(이상 노무현)
→ 국가원수로서 품격을 잃은 자세로 '김정일 눈치 보기·비위 맞추기' 행태 및 '김정일 訪韓 간청' 등 국가 위신 실추

기타 '위원장님' 호칭(3회. 노무현), 경박한 단어("임기 마치고 평양 좀 자주 들락날락할 수 있게…" "일본하고도 아니꼬와도 문제를 풀고 가야 합니다" 등 노무현) 사용, 대통령 자신을 '저'(1회. 김대중)로 표현하는 등 국가원수로서의 품위를 떨어뜨리는 '말 실수'도 빈번

2. '대화록' 중 주요 현안에 대한 김정일의 언급 내용

※ 대부분 북한의 기존 입장 고수, 현안 관련 일부 전향적인 태도는 자신의 부정적 이미지 희석 및 회담 주도를 위한 작위적인 발언으로 평가

주요현안	김정일 언급내용
駐韓美軍 (주한미군)	○ 미국 사람이 왜 와 있는가? 그건 우리 인민들의 감정을 달래기 위해서 하는 것이며, 실제로 미군이 나가지 않길 바람 ○ 미국에도 미군 철수하라는 말을 곧이 듣지 말라고 했음. 미군이 있으면 미국하고 싸움하는 것이 되고 남조선하고 싸움 안하니까(이상 1차) **→ 주한미군을 주민들의 對美 적개심 고취에 적극 활용하고 있음을 시사. 주한미군 철수의 기존 입장 변화로 보기는 곤란**
탈북자	○ 거의 60%가 여기서 일 안하고 범죄하고 빙빙 돌다가 남조선에 감. 그 사람들 솔직히 아까운 것 하나도 없음 ○ 언론 발표에 우리는 신경 안씀. 권력기관들이 그것을 까꾸로 악선전하고 이용하니까 문제임(이상 1차) **→ 탈북자 발생원인을 북한체제의 모순이 아니라 탈북자 개인의 범죄행위로 호도. 식량난 등 경제파탄의 책임을 회피**
김정일 訪北	○ 선언에다가 내가 가지고 오는 문제를 뭐하려고 넣을려고 하는 거죠… 앞으로 개인 자격으로 갈 것임(1차) ○ 김대중 대통령하고 얘기했는데, 앞으로 갈 경우 김영남 위원장이 수반으로 갈 수 있다. 군사적 문제 얘기될 때는 내가 갈 수도 있음 ○ 분위기가 있고 또 남측도 정서가 있는 것인데 지금 한나라 사람들이랑 너무 그렇게 나오는데 우리가 뭐하러… ○ 앞으로 모든 게 정상적으로 좋게 발전돼 나가면, 못갈 조건이 없지 않습니까. 남쪽 사람들의 정서도 보아야 함(이상 2차) **→ 訪韓 불가를 우리 사회의 反김정일 정서 탓으로 돌리는 한편, 남한 내 反北정서를 완화시키려는 의도**
韓·美·日 공조	○ 남측이 이 나라 저 나라 가서 균형을 맞추느라고 설명하고, 이렇게 구차하게 안해도 되고 솔직히 이런거 탈피하기 바람(1차) ○ 남쪽 사람들이 자주성이 좀 있어야 되지 않겠는가. 자꾸 비위 맞추고 다니는 데가 너무 많다 난 이렇게 생각함(2차) **→ 대북정책·북핵 관련 한미공조를 견제하면서, 북한이 주장하는 이른바 '민족공조'의 호응을 강력 요구**

黨 규약(北)·국보법(南) 개정	○ 남쪽에서 北도 당규약·강령이 있다고… 국보법 안 고친다고 하는데… 앞으로 새 전당대회 때 먼저 고치면 되지… ○ 남한에서도 보안법을 어떤 구실로 어떻게 없애겠는가 연구해야 한다고 생각함(이상 1차) → **先 국가보안법 개정·폐지 유도를 위한 전략적 언급**
남북경협	○ (해주 특구 제의에 대해) 새로운 공단들을 내오자고 하는 문제는… 조그만 땅에서 공단들만 하려고 하면… 시장경제에 말려들어가고, 주체공학이 없어지고 정신적인 재난이 올 수 있기 때문에 아직… ○ 우리는 새로운 공단하는 건 찬성할 수 없음. 새로운 공단이라는 건 남조선 기업들에게 새로운 일감과 시장을 넓혀 주는 데 도움이 될 뿐 우리에게 아직까지는 이해관계가 없음(이상 2차) → **노무현 前 대통령의 '해주특구' 제의를 활용, 우리 측으로부터 더 많은 양보를 얻어내려는 것이나, 한편으로는 남북 경협 확대에 따른 사상오염 등 부작용에 대한 우려감 표출** ○ 남쪽은 경제체제가 우리랑 다르니까… 뭐든 합의가 되면 남쪽 정부가 나서서 하는 걸로 돼야지… 기업단위는 현대처럼 창업자가 사망하니 숱한 계획들이 다 무너졌음(2차) → **민간기업의 對北투자에 대해서도 '당국의 보장'을 확인하려는 제도**
과거 남북 간 합의	○ 7·4공동선언, 북남합의서라든가 이건 다 10여 년 이상 흘러갔음 ○ 2000년대는 새 세기니까 1990년대 낡은 유물들은 털어놓고 원칙은 계승하면서도 새로운 지향적인 거 내놓는 게 필요함(이상 1차) ○ 7·4공동선언 때 화해가 넘쳐나서 크게 기대를 걸었는데, 여러 번의 정권의 교체와 정세변화로 해서 빈 종이짝이 되고 말았음(2차) → **6·15선언, 10·4선언(합의 예상) 등 북한에 일방적으로 유리한 '합의서'만 인정. 북한 주도로 남북관계를 끌어가려는 저의.**

북한 경제의 중국 예속	o 중국 사람들은 경제 분야에서는 동북3성이 아니라 북을 염두에 두고 동북4성으로 생각함 o 동북에 있는 조선 사람들은 중국 사람들에게서 동북4성이라는 말을 많이 듣는다는데… 우리 정치인들보다도 인민들의 신경이 더 예민함(이상 2차) → **우리 사회 일부의 '북한경제의 중국 예속 우려'를 자극, 대북 지원·투자를 유인**
NLL	o 정전협정을 평화협정으로 하는 기초 단계에서는 제1차적으로 서해북방한계선을 쌍방이 포기하는 법률적인 조치를 해야 함 o 서부지대는 바다문제(NLL)가 해결되지 않고서는 평화협력 지대가 해결되지 않음. 이제 실무적인 협상에 들어가서는 쌍방이 다 포기한다 이렇게 발표를 해도 되지 않겠는가(이상 2차) → **노무현 前 대통령의 '서해평화협력지대' 제의를 NLL 문제와 연계, 사실상의 'NLL 무실화'를 시도**
통일방안	o 2제도 2체제를 다 존중하고 낮은 급의 연방제부터 해야함 o 주석님께서 내놓은 낮은 급의 연방제나 대통령께서 내놓은 것이나 표현이 다르지 그 사상과 뜻은 같음(이상 1차) → **통일방안 관련 북한의 '연합제'로의 합의 유도를 위한 발언. 실제로 1차 정상회담 이후 매체를 통해 "'6·15선언'은 장차 연방제로 통일로 나가는 길을 명시" 등 주장**
김일성 사망	o 주석께서 서거하기 4~5년 전에 심장질환을 일으켜 겨우 박동기를 구해서 했음. 그때는 소련 일변도 정책을 해서 소련식 치료를 했는데 지금 와서 보면 그 사람들 아무것도 몰랐음 o 남쪽의 〈여원〉이나 〈주부생활〉 등을 보면 남쪽 의학자들의 수준이 대단한데, 알아보니까 다 미국 가서 공부한 분들이 많았음. 보건 분야 하나만 놓고 봐도 남쪽이 우리보다 우세함 (이상 1차) → **김일성이 심장병을 보유하고 있었으며 1991년 3월경 佛 리융大 병원 심장외과 전문의를 방북 초청하여 인공심장 박동기(pace maker) 삽입 시술을 받은 것으로 파악**

6

노무현 강연록의 자기 폭로
뒤틀린 善惡·彼我 분별

노무현 강연록의
자기 폭로

5253만 명의 주권적 결단

2012년 두 차례 선거에서 주권자인 유권자 5252만 8257명이 투표하였다. 총선에서 전체 유권자의 54.2%인 2180만 6798명, 大選(대선)에선 75.8%인 3072만 1459명이 투표하였다. 延인원으로 약 5253만 명의 국민들은 主權(주권)행사로서 새누리당에 국회 운영의 책임을, 朴槿惠(박근혜) 후보에게 대통령직을 맡겼다. 국민들이 내린 主權的 결단엔 다음과 같은 의미가 함축되어 있다.

1. 헌법존중 세력(자유통일 세력)을 國政담당자로 선정하고 헌법부정 세력(분단고착 연방제 통일 세력)을 배제하였다.
2. 대한민국 건국과 현대사를 총체적으로 긍정하는 세력을 선택하고 부정하는 세력을 배제하였다.

3. 從北좌파세력을 國政담당 부적격자로 심판하였다.

4. 국민들은, '독재자의 딸'을 역대 最多(최다)득표로 당선시킴으로써, "헌법을 존중하라, 현대사를 긍정하라, 종북은 안 된다"는 결단을 내린 셈이다. 헌법부정-역사부정-종북세력을 심판한 선거였다.

정권 뿐 아니라 체제의 향방이 걸렸던 12·19 大選엔 두 개의 기적이 있었다. 첫째는 박근혜 후보가 좌편향 언론의 선동을 극복하고 51.6%의 역대 最多득표(1577만 3128표)로 승리한 것이고, 둘째는 문재인 후보가 反헌법적-反국가적 정책과 言動(언동)에도 불구하고 48%의 득표(1469만 2632표)를 한 것이다. 첫째 기적의 원인은 각성된 국민들이고, 둘째 기적의 원인은 좌편향 언론의 선동 왜곡 보도이다. 각성된 국민과 선동언론의 대결에서 근소한 차이로 국민이 이긴 것이다.

前합참의장, 前국정원장의 사상적 실체 폭로!

한국 언론이 文在寅(문재인) 진영의 對北정책이 가진 반역성을 제대로 보도하였더라면, 예컨대 박근혜의 정수장학회 사건 정도의 비중으로 보도하였더라면 표차는 더 크게 났을 것이다. 언론이 선거기간 중 덮고 넘어간 충격적인 사례는 2012년 12월5일 부산역 광장에서 열렸던 국민행동본부 주최 '노무현-김정일 대화록 공개 촉구 국민대회'다. 당시 약 1만 명의 군중이 모였다. 국민행동본부는 조직적 동원을 하지 않고 신문광고에 주로 의존한 홍보를 하였다. 그럼에도 자발적으로 많이 모인 것이다. 전날(12월4일) 있었던 대통령 후보 토론회 때 이정희 통합진보당 후보가 박근혜 후보를 상대로 몰상식한 언동을 보인 데 흥분한 老壯層(노장층) 시민들이 많았다. 여론조사에서 朴 후보가 문재인 후보를 상당한 차이로 이기고 있어서 그런지 군중들의 표정도 밝았다.

이날 연사로 특이한 인물이 한 분 등장하였다. 김대중 정부 초기 합참의장을 지낸 金辰浩(김진호) 육군 예비역 대장이었다. 그는 미리 준비해온 원고를 우렁찬 소리로 읽어 내려갔다. 내용이 충격적이었다. 그의 표적은 임동원 前 국정원장이었다.

"2012년 11월23일 전직 국정원장 임동원이 공동대표로 있는 '한반도평화포럼'이라는 단체가 모여 '한반도평화포럼의 제안'이라는 보고서를 발표했습니다. 내용을 요약하면 천안함 폭침사건 발표에서 북한이 공격했다는 사실에 대해 아직도 의심하는 국민이 있는데 이를 좀 더 과학적으로 입증해줄 재조사가 필요하다는 것으로, '국민의 합리적 의심'이니 '북한의 공격 가능성을 부정하는 사람은 없으나'라고 에둘러 완곡하게 표현하였으나 결론은 북한 소행이라는 사실을 부정하고 싶어 하는 사람들의 재조사 요구라 하겠습니다. 이날 한반도평화포럼에 참가한 사람은 지난 정권 및 현 정치권에서 막강한 권력을 행사하는 거물들입니다. 이들이 모인 11월23일은 북한군이 연평도를 무차별 포격하여 우리 군 장병과 민간인 수십 명의 사상자가 발생한 지 2주년이 되는 날이었습니다."

김진호 장군은 "연평도 포격사건은 변명의 여지가 없는 북한의 도발이므로 우리 국민이 갖고 있는 북한에 대한 적개심을 희석시키려고 느닷없이 천안함 폭침 사건 발표에 문제가 있는 것처럼 聲東擊西(성동격서)의 전형적 종북세력 수법을 동원한 것이라 볼 수 있습니다"라고 말하였다. 그는 이어 "오늘 저는 천안함 폭침사건의 재조사를 요구하고 있는 '한반도평화포럼'의 공동대표인 임동원 전 국정원장이 정부의 안보정책 고위 책임자로 근무할 당시의 행적을 추적하여 그의 사상적 실체를 폭로하려고 합니다"라고 했다.

임동원, 주한미군 역할 변경론 제기

"1998년 제가 합참의장으로 부임했을 때 임동원이 청와대 안보수석으로 부임하여 이념적으로 본인과는 잘 맞을 것이라고 생각했었는데 처음부터 예기치 못한 이념적 갈등이 생기기 시작하였습니다.

첫 번째로 그는 정책간담회에서 '북한이 군사력을 증강하는 이유는 주한미군의 戰力이 강하기 때문에 그 위협에서 벗어나기 위한 방어력 보강이므로 駐韓(주한)미군을 UN평화유지군으로 역할변경 시켜야 된다'는 주장을 하였습니다. 휴전 이후 한반도의 안정과 평화유지는 韓美연합군이 맡아 북한이 전쟁을 도발치 못하도록 전쟁억제력의 역할을 해왔습니다. 이를 잘 알고 있는 외교안보수석이라는 사람이 주한미군의 무장을 해체시키는, PKO(평화유지군)로의 역할 변경 논리는 그때나 지금이나 북한이 주장하는 주한미군 철수와 같은 주장이었습니다."

한국군의 최선임자였던 이가 국정원장을 지낸 인물을 擧名(거명)하여, 북한이 對南공산화 전략의 제1목표로 삼는 주한미군 철수에 사실상 동조하는 사람이라고 공개적으로 폭로한 것이다. 文明국가에서 보기 힘든 일이다. 희한한 것은 이 폭로를 보도한 신문, 방송이 없었다는 점이다. 좌경화된 한국 언론은 從北(종북)좌파에 불리한 기사는 작게, 대한민국 편에 선 사람들에게 불리한 기사는 크게 취급하는 경향이 있다.

주한미군의 역할 변경이란, 對北억지력으로서의 주한미군이 아니라 남북한 사이에서 중립하는 군대, 즉 평화유지군으로 역할을 바꾼다는 뜻이다. 이는 주한미군 無力化의 다른 표현이다. 미국은 한반도에 그런 역할의 군대를 주둔시킬 이유가 없으므로 한국이 그러자고 우기면 韓美동맹은 파기될 것이다. 동시에 한국을 보호하던 핵우산도 사라질 것이다. 이는 핵무장한 敵軍(적군) 앞에 我軍(아군)을 벌거벗겨서 내어놓는 일이다. 가장 악질적이고 심각한 利敵(이적)행위이다. 다른 사람도 아니고 합참의장 출신이, 이런 반역 행위를, 김대중 정부 아래서 국정원장을 지낸 사람이 저질렀다고 군중 앞에서 고발한 것이다.

더 놀라운 사실은, 임동원의 주한미군 역할 변경 음모가 결실을 보았다는 점이다. 2000년 6월 김대중-김정일 평양회담 때 두 金씨는 이런 주한미군 중립화에 합의하였던 것이다. 그래놓고는 서울로 돌아와 국민들에게, '김정일 위원장은 주한미군이 통일된 후에도 주둔해야 한다고 말하였다'는 요지의 거짓 보고를 한 이가 김대중이다. 누가 들어도 김정일이 현재의 주한미군에 대하여 그런 이야기를 한 것처럼 이해된다. 김정일이 통일 후에도 있어도 좋다고 한 주한미군은 평화유지군으로 중립화된, 즉 있으나마나한 美軍이었다.

利敵행위 역력

前 국정원장에 대한 前 합참의장의 폭로가 이어졌다.

"1998년 6월 북한의 잠수정이 동해안에 침투 후 북상하다 우리 漁網(어망)에 걸려 해군이 잠수정을 나포 예인했습니다. 그때 청와대에서는 '북한의 잠수정이 훈련 중 기관고장으로 표류했을 가능성' 등을 언론에 거론하며 대응을 자제하도록 군에 요구했었으나 우리 군은 영해침범으로 규정하고 잠수정을 나포, 예인했습니다. 이때 잠수정 내의 북한 승무원 9명이 모두 自爆(자폭)을 했습니다. 북한은 이를 두고 '훈련 중 기관고장으로 표류한 잠수정을 남한군이 인도적 구조 활동을 하지 않아 북한군이 희생 되었다'며 그들의 對南(대남)공작 활동을 우리에게 책임을 덮어씌웠습니다. 원래 잠수정은 해저를 통해 은밀히 침투하는 공격용 무기입니다. 북한 잠수정이 우리의 영해에 침범한 '잠수정 침투사건'인데 북한군에게 면죄부를 주려는 임동원의 思想(사상)의 배경은 무엇인지 의심하지 않을 수 없습니다. 이것이 두 번째입니다."

金 前 합참의장은 "셋째는 1999년 6월15일, 제1차 연평해전이 있고

나서의 사건입니다"라고 말을 이었다.

"1999년 6월6일 서해 NLL 북방한계선 일대에서 꽃게잡이를 한다는 명분으로 NLL을 침범하기 시작한 북한의 경비정은 우리의 수차례에 걸친 경고조치에도 불구하고 10여 일간 연일 NLL을 침범하였습니다. 6월15일, NLL을 넘어오는 북한경비정의 배꼬리를 우리 해군이 뱃머리로 들이받아 배 몸으로 밀어내기를 하는 과정에서 북한군이 우리 경비정에 선제포격을 가해왔고 이에 우리 해군이 즉각 응사, 적 경비정 1척을 격침시키고 어뢰정 1척을 반 침몰시키는 작전이 발생하였습니다.
이 작전의 결과로 우리 해군은 경미한 배 파손과 6명의 경상자가 발생한 반면 북한군은 30명 이상의 사망·실종자와 경비정 1척 침몰, 경비정 4~5척 대파 및 어뢰정 반 침몰 등 참담한 패배를 당했습니다. 당시 국가안전보장회의(NSC) 사무처장이던 통일부 장관 임동원이 합참의 서해 연평해전 작전 경과보고를 받으면서 '우리 군이 꼭 그렇게(대응사격으로 적 경비정을 침몰시킨 것) 뿐이 할 수 없었는가?'라고 질책하는 투의 질문을 했었습니다.
적이 NLL을 침범하고 이를 저지하는 우리 경비정을 향해 선제 공격하여 우리 장병이 부상당하고 배가 파손되는 상황에서 대응사격을 한 것인데 '그렇게 뿐이 할 수 없었냐?'라면 우리가 敵의 공격으로 격침이라도 당해야 했단 말입니까? 국가 안보의 최고 책임자인 NSC 사무처장의 직위에 있는 사람이 할 수 있는 말입니까? 제 정신인가 분노하지 않을 수 없었습니다."

그는 "지금까지 열거한, 함께 공직에 몸담았을 당시의 임동원의 행적을 보면 북한을 이롭게 하려는 利敵(이적)행위가 역력합니다"라고 결론을 내린 뒤 이렇게 마무리했다.

"국가안보는 군대만 지킬 수 있는 것이 아닙니다. 군은 오로지 우리의 '主敵(주적)'인 북한의 군사적 도발에 대응하는 임무에만 전념할 수 있도록, 우리 국민 모두가 從北세력이 국가의 주요 정책에 참여 할 수 있는 기회를 줘서는 안 된다고 생각합니다. 해방 이후 역경을 극복한 자유민주주의 체제의 대한민국이 영원히 계승발전 할 수 있도록, 종북세력의 척결에 우리 국민 모두가 힘써나가야 할 때 입니다."

임동원 씨 측에 김진호 씨의 폭로 내용을 알려 反論(반론)이나 해명을 요청하였으나 소식이 없다.

"문재인이 대통령이 되었더라면 赤化는 시간문제"

2013년 1월4일 右派(우파)단체 신년 인사회에서 공안검사 출신인 高永宙(고영주) 변호사(前 서울 남부지검장)는 이렇게 이야기하였다.

"左派정권 집권을 막아주신 여러분들께 정말로 감사드립니다. 여러분들이 박근혜 후보를 지지하신 이유는 대한민국의 赤化(적화)를 막기 위한 것이 아마 가장 큰 이유였다는 생각이 듭니다.

대한민국이 赤化될 위험에 대해 이것이 단순한 杞憂(기우)가 아니라 실제로 일어날 수 있는 일이라는 것을 제 경험담으로 간단히 말씀드리겠습니다. 제가 1982년도에 부산지검 공안부 검사로 있을 때 釜林(부림)사건의 수사검사였습니다. 부림사건은 여러분들도 잘 아시다시피 노무현 대통령이 변호를 했습니다. 부림사건을 변호하면서 최초로 人權(인권)을 알고, 사회를 알고, 정치를 알게 됐다고 해서 굉장히 의미를 두는 사건입니다.

당시 부림사건에 문재인 씨도 변호사였습니다. 최대한 축약해 말씀드리면 부림사건은 민주화 운동이 아니고 공산주의 운동이 었습니다. 그 피의자가 저에게 했던 얘기가 있습니다.

'지금은 우리가 검사님에게서 조사를 받고 있지만 곧 공산주의 사회가 될 겁니다. 그러면 우리가 검사님을 심판하게 될 것입니다.'

부림사건이 공산주의 사건이라는 것을 저는 아주 확신하고 있습니다. 노무현 대통령이나 문재인 후보나 부림사건이 공산주의 운동이란 것을 잘 알고 있었을 사람들입니다. 자신들이 변호한 사건으로 사건 기록을 다 보는데, 부림사건 관련자들의 생각을 몰랐겠습니까! (두 사람은) 부림사건 관련자들이 공산주의 운동인 것을 알았습니다. 그 후에 노무현 정권이 들어섰습니다. 그런데 노무현 정권이 우리가 알기로는 공산정권이 아니잖습니까? 저는 공산주의가 우리나라에 들어올 수 없다고 얘기했고, 저 사람들은 반드시 공산주의가 된다고 했습니다. 공산주의도 안 됐는데 (노무현 정권은) 저에게 보복을 했습니다. 우리나라 憲法은 공산주의가 안 됐는데 저를 심판한 겁니다.

제가 노무현 정권 하에서 5년 동안 내내 핍박을 받다가 검사를 그만뒀습니다. 제가 무엇을 잘못했습니까. 대한민국의 안전과 자유민주주의 체제를 지키기 위해 공안검사를 한 것밖에 없습니다. 제가 무슨 다른 비리가 있었습니까? 고문을 했습니까?

노무현 정권 때 청와대의 부산인맥이란 사람들은 (거의가) 부림 사건 관련 인맥입니다. 공산주의 활동을 했던 사람들입니다. 그렇기 때문에 저는 문재인 후보가 대통령이 되면 우리나라가 赤化되는 것은 그야말로 시간문제라고 확신했습니다. 진짜 우리나라가 國運(국운)이 있어 赤化를 면할 수 있게 된 것이 얼마나 다행인지 모릅니다. 이 일에 앞장서준 여러분들이 그렇게 고마울 수가 없습니다. 감사합니다!"

자신의 반역성을 폭로한 노무현

필자는 문재인이 존중하는 노무현의 對北 노선을 노무현 스스로 고백한 자료를 찾을 수 있었다. 2008년 10월1일 서울 남산 밀레니엄 힐튼 호텔에서 열린 '10·4 남북정상 선언 1주년 기념 위원회' 주최 행사에서의 노무현 前 대통령 특별 강연 원고가 그것이다. 그 내용은 충격적이다. 공개를 기다리고 있는 2007년 10월의 노무현-김정일 대화록과 매우 비슷한 논리 구조로 되어 있다. 노무현의 이념적 정체, 세계관, 그것이 남북관계에 미친 영향, 從北反美(종북반미) 노선의 구조 등을 종합적으로 이해하게 한다.

노무현은 일관되게 북한정권의 입장에서 한반도 문제를 보고 있다는 인상을 준다. 주장하는 게 북한정권의 대변인 같고, 심부름꾼 같다. 이 연설 내용은 당시엔 큰 관심을 끌지 못하다가 2012년 대선 때 노무현-김정일 대화록 내용이 알려지면서 이와 연관되어 재조명을 받게 되었다.

북한 전문가 李東馥(이동복) 씨(前 국회의원)는 이 원고를 읽은 뒤, 〈노무현 씨의 발언은 청와대의 주인이었던 5년간 그는 결코 '대한민국 대통령'이 아니라 독재자 金正日이 이끄는 북한정권의 충실한 '하수인' 내지 '대변인'이었다는 것을 그 스스로 공언하는 것이었다〉고 평가했다.

노무현은 이 강연에서 전쟁과 테러를 일삼아 온 북한정권을 대하는 바람직한 태도를 '평화至上(지상)주의'로 정의하였다. 남북관계의 모든 가치를 '평화'에 종속시키는 게 그의 논리적 기반인데, 주의 깊게 읽어보면 그 평화는 '노예적 굴종'이나 '공동묘지의 평화'라고 표현하는 게 맞을 것 같다. 김정일의 평화이지 북한동포와 한국인의 평화가 아니다.

"그동안 우리 사회에서는 평화를 이야기하면서도, 對北정책에 관한 한, 통일로 가는 중간과정이나 통일 방안의 일환으로 평화를 말했을 뿐, 평화 그 자체를 남북관계의 목적으로 말하는 사람은 없었던 것 같습니다. 평화를 먼저 성취하지 않고는 통일도 성취할 수 없습니다."

이런 평화론은, 북한정권을 국가로 인정하고 분단고착을 감수하더라도, 필요하면 韓美동맹을 희생하더라도, 평화를 우선해야 한다는 주장으로 흘러간다. 평화를 위해서는 북한 核개발도 용인하고, 주한미군도 無力化시켜야 하며, 국가보안법도 필요없다는 식으로 진행한다. 노무현은 아마도 6·25 남침을 당한 국군이 왜 평화를 위하여 항복하지 않았나 하고 불만이 컸을 것이다. 노무현의 평화는 利敵(이적)·반역행위를 정당화하는 萬病通治藥(만병통치약)이다.

통일 위해서 국가권력의 소멸이나 양도 있어야

노무현은 6·15선언 2항의 反헌법적 통일조항을 더 확대 해석하여 국가主權(주권)까지 양도해야 한다는 주장을 했다.

"연방제 주장이 나오고, 남북연합이라는 개념이 국가적 정책으로 채택이 되었습니다. 이것은 국가권력의 일부를 양도하여 연방정부 또는 연합정부를 수립하자는 것입니다. 어느 개념을 채택하거나, 통일을 위해서는 권력의 소멸이나 권력의 일부를 양도하는 극적인 사건이 있어야 합니다. 평화통일이라는 것은 이런 일을 합의로 하자는 것입니다."

이 대목은 노무현을 헌법파괴자 정도가 아니라 與敵罪(여적죄) 혐의자, 국가변란 주모자, 또는 매국노로 규정할 수 있게 한다. 대한민국 헌법은 제3조에서 북한지역을 포함한 한반도 전체를 영토로 규정하므로 북한정권은 반란집단이 된다. 헌법 제4조는, 이 반란집단을 평화적으로 무력화시키고, 자유민주적 기본 질서에 입각하여 흡수 통일하는 것, 즉 '평화적 자유통일'을 못 박았다.

그런데 노무현은 6·15선언 제2항에 나오는 '남측의 연합제 안과 북측의 낮은 단계 연방제 안이 공통성이 있다는 점을 인정하고 이 방향에서 통일을 지향시켜나가기로 하였다'는 대목을 이용, 헌법과 다른 통일안을 내세운다.

우선 6·15선언 제2항 자체가 사실에 근거하지 않을 뿐 아니라 헌법위반이다. 연합제와 연방제는 공통점이 없는데 공통점이 있다고 했으니 허위에 기초한 것이다. '국가권력의 일부를 양도하여 연방정부 또는 연합정부를 수립하자는 것'은 북한정권의 흡수를 전제로 한 헌법 제4조를 위반한 것이다. 대한민국은 헌법을 死文化(사문화)시키지 않는 한, 즉 國憲(국헌)문란의 반역을 저지르지 않는 한 통일과정에서 대한민국의 주권이나 영토를 포기하거나 양도할 수 없다. 평화통일을 위하여는 대한민국의 국가권력이 소멸되거나 부분적으로 양도되는 것도 각오해야 한다는 말을 할 수 있는 사람이니까 김정일에게 서해 NLL을 영토선이나 군사 분계선으로 포기하겠다는 약속을 할 수 있었을 것이다.

"국가주의 사고를 넘어서야 합니다"

남북한 대결의 본질은 '민족사의 정통성과 삶의 양식을 놓고 다투는 타협이 절대로 불가능한 총체적 권력투쟁'이다. 韓民族(한민족)과 한반도를 대표하는 정통국가는 하나이어야 한다는 게 핵심적 의미이다. 대한민국이 이 정통성 주장을 포기하면 통일의 주도권을 놓치고, 헌법의 역사적 기반을 허문다. 노무현은 대한민국의 민족사적 정통성을 부정하는 차원을 넘어 북한정권이 더 정통성이 있다는 생각을 품었던 것으로 추정된다.

평화至上주의자들은 동서양을 막론하고 현실을 떠난 관념의 유희를 극단적으로 펼치다가 자멸한다. 노무현도 예외가 아니었다.

"勝共(승공)통일의 思考(사고)를 넘어서야 합니다. 사사건건 시비를 하는 대결주의도 이제 그만해야 합니다. 앞에서 말했듯이 전통적인 국가관을 그대로 따르면, 국가권력의 일부를 양도하자고 말하는 것은 반역입니다. 그런데 지금 유럽에서는 유럽의 통합을 위해 주권의 일부를 양도하는 실험을 하고 있습니다. 우리도 진심으로 통합을 성취하고자 한다면, 새로운 사고를 해야 합니다. 통합을 위해서는 주권의 일부를 양도할 수도 있고, 양보가 항복도 利敵(이적)행위도 아니라는 인식을 수용해야 합니다. 국가주의 사고를 넘어서야 합니다."

노무현은 남북한의 현실과 유럽연합의 현실을 동일시한다. 유럽연합은 공통된 가치와 규범을 기초로 한다. 민주주의, 시장경제, 법치, 인권존중 같은 가치를 공유하는 국가에만 문호를 연다.

노무현은, 유럽연합에 북한정권과 같은 전체주의 국가가 들어갈 수 있다고 착각한 듯하다. 평화통일을 구실로, 전체주의 정권에 자유민주 국가의 주권의 일부를 양도할 수 있다는 주장을 한 노무현은 그의 말대로 반역과 항복과 利敵행위를 저지른 셈이다.

"적화통일의 목적을 존중할 수는 없는 일입니다. 그러나 북쪽이 그런 목적을 가지고 있다 하더라도 그것은 역량에 맞지 않는 비현실적인 것입니다. 체제 유지를 위한 명분용 이상의 의미는 없을 것입니다. 현실적 상황에 맞는 북쪽의 목적은 체제를 방어하고 유지하는 것일 겁니다. 이것을 인정하고 존중할 것인가. 평화를 위해서는 그래야 할 것입니다. 그 밖에 평화와 번영, 그리고 통일이라는 목적은 우리와 다르지 않을 것입니다."

北이 赤化통일을 포기하였다는 妄想(망상)

북한정권에 있어 赤化(적화)통일은 목표이기도 하지만 존재의 조건이다. 赤化를 포기하면 전체주의 체제는 유지될 수 없다. 고래가 헤엄치기가 힘들다고 이를 포기하면 가라앉아 죽는 수밖에 없는 것과 같다. 한반도 전체의 공산화란 목표를 포기하면 우상화도 주민통제도 주체사상 유지도 불가능하다.

핵무기도 갖지 못하고, 평양에 親대한민국 세력도 만들지 못한 한국의 형편에서 한 손에 핵무기, 다른 손에 從北(종북) 세력을 가진 북한정권이 적화통일의 목적을 포기하였다고 해석하는 것은 僞善(위선)이고 사치이다.

북한정권이 가진 '평화와 번영, 그리고 통일이라는 목적은 우리와 다르지 않을 것'이라고 한 대목은 코미디 수준이다. 북한정권이 목표로 하는 평화, 번영, 통일엔 대한민국 국민들이 들어갈 틈이 없다.

국가보안법을 '남북 대화의 걸림돌'이라고 선동

필자는 아직도 국가보안법 때문에 생활이 불편하고 남북 교류도 불가능하다고 말하는 이를 만나 본 적이 없다. 간첩이나 공작원, 또는 從北주의자가 아니면 국보법으로 불편을 겪지 않는다. 노무현-문재인 세력은 국보법을 폐지하려고 끈질기게 노력해왔으나 애국자들과 여론의 저항으로 좌절했다. 노무현은 이 연설에서도 국보법이 남북 대화의 걸림돌이란 선동을 이어간다.

> "국가보안법에 의하면 북한은 反국가 단체입니다. 상대를 인정하지 않는 것입니다. 이 법대로 하면 남북 간의 대화는 불가능하게 됩니다. 국가보안법은 이념적 대결주의를 강력하게 뒷받침하는 근거가 되고 있습니다. 남북 대화의 걸림돌입니다."

우리의 국가보안법은 韓美동맹과 함께 '한강의 기적'을 가능하게 한 안보의 두 기둥이다. 국가보안법과 韓美동맹을 허무는 것이 북한 정권의 對南공작이 지금껏 유지하는 제1목표다. 국가보안법은 북한 정권과 從北세력을 통제하여 건전한 국민들의 자유를 지키려는 법이다. 반역집단에 자유를 파괴하는 자유를 거부하는 법이다. 한국과 상황이 비슷한 나라의 체제유지법보다 느슨해진 법이다. 그럼에도 이 법을 '칼집에 넣어 박물관에 보관해야 할 물건' 정도로 저주하고 경멸

해온 게 노무현-문재인 세력이다. 국가보안법 폐지론자들의 노림수는, 북한정권과 從北세력의 대한민국 파괴 공작에 면죄부를 주어 한국에서 공산당이 공개적인 활동을 하도록 보장해주려는 것이라고 의심할 수밖에 없다. 국보법은, '남북 대화의 걸림돌'이 아니라 '남북간 逆賊(역적)모의의 걸림돌'이다.

미국의 BDA 제재를 비난

"2005년 9·19선언에는 북핵 문제뿐만 아니라 '동북아 평화를 위한 구상'이 들어 있었습니다. 그런데 그 다음날 깨져 버렸습니다. BDA에 대한 미국의 재제조치 때문이었습니다. 그리고 핵실험이 이어졌고, 북미 회담은 2년 이상 지체되어 버렸습니다. 비싼 대가를 치른 것입니다. 2007년 10·4선언은 이념적, 정치적 성격은 거의 없고 실용적, 실무적 내용으로 된 선언입니다. 그런데 이명박 정부는 이 선언을 존중하지 않고 있습니다. 그 결과로 남북관계가 다시 막혀버렸습니다."

대한민국 대통령을 지낸 사람이 북한의 핵실험과 남북관계 경색의 책임을 미국과 한국 대통령에게 轉嫁(전가)하고 있다. 마카오 은행 BDA에 대한 미국의 재제는 핵문제와는 관계없는 조치로, 달러위조, 마약밀매 등 국제범죄를 일삼는 북한정권 거래 은행에 대한 미국 재무부의 제재였다. 북한에 대한 직접 제재도 아니었다. 국제금융가에서 '北과 거래하다가는 우리도 당하겠다'고 계산하여 알아서 북한정권 기관과 거래를 중단한 곳이 많았다. 10·4선언은 김정일과 노무현이 차기 정권에 쐐기를 박기 위하여 急造(급조)한 역적모의이다. 그대로 하면 안보와 경제에 구멍이 난다. 이명박 정부가 逆謀(역모)를 따르지 않는다고 욕하는 격이다.

주한미군 無力化의 논리

노무현은 이 강연에서 주한미군과 韓美동맹에 대해 결정적인 토로를 한다.

> "주한미군의 역할에 대해서도, 이제는 동북아에서 어느 한 쪽과도 적대적이지 않은 평화와 안정의 지렛대 역할에 비중을 두는 것이 동북아의 상황에도 맞고, 남북 간의 대화 국면에도 적절할 것입니다."

주한미군은 북한정권의 재남침을 저지할 목적으로 있는 것이지, 남북한 사이에서 중립화된 평화유지군이나 균형자, 안정자 역할을 하는 군대가 아니다. 미국에 그런 식으로 성격이 바뀐 주한미군을 요구한다면 韓美동맹은 해체될 것이다. 이를 너무나 잘 아는 북한정권은 韓美동맹 해체의 우회적 수법으로 '주한미군의 위상 변화'를 주장해왔고 김대중과 임동원은 이에 호응, 2000년 6월14일 평양회담에서 주한미군의 중립화에 합의하였다. 노무현 또한 같은 논지의 강연을 한 것이다. 김대중-김정일-노무현 3者 사이엔 '주한미군 중립화에 의한 韓美동맹의 해체'라는 줄거리에 합의가 이뤄졌다고 봐야 할 것이다. 이게 逆賊모의의 핵심이다.

北이 안심하도록 韓美연합사 해체

노무현은 韓美연합사 해체를 가져오는 戰時(전시)작전통제권(전작권) 전환 결정이 북한정권을 안심시키기 위한 것이었다는 놀라운 고백을 한다. 강도를 안심시키기 위하여 경비원을 줄이기로 하였다는 식이다.

"북한은 한국보다 미국을 더 불신하고 두려워합니다. 유사시에 미국이 작통권을 행사하는 상황은 북한을 더욱 두렵게 하여 남북 간 대화와 협상이나 신뢰에 도움이 되지 않습니다."

전작권은 북한이 무력 도발을 할 때만 행사된다. 도발을 안 하면 미국을 두려워할 필요가 없다. 강도질을 안 하면 형사를 겁낼 필요가 없는 것이다.

"동북아 평화구조를 위해서는 多者(다자) 안보 대화가 필요합니다. 그런데 미국이 한국군에 대한 작전통제권을 행사하고 있는 상태라면, 이 대화 체제에서 미국이 너무 커보이게 되고 이것은 다자 체제에 도움이 되지 않을 것입니다. 그 중에서도 나는 작통권의 환수를 남북 간의 신뢰구축에 중요한 요소로 생각하고 추진하였습니다."

노무현은 북한군이 미군에 대하여 불안해 하지 않도록 하기 위하여 韓美연합사 해체를 핵심으로 하는 전작권 전환을 결정했다고 고백한 것이다. 그래놓고 이게 남북간 신뢰구축이라고 강변한다. 강도가 마음대로 부자집을 털 수 있도록 경비원을 내보내는 게 강도와 부자 사이의 신뢰 구축이란 식이다. 韓美연합사가 있어야 北은 불안해질 것이고 그래야 도발을 막을 수 있다. 北의 두려움을 없앤다는 건 무슨 뜻인가? 도발해도 응징을 받지 않을 것이란 믿음 아닌가? 北이 안심하게 되면 도발 가능성은 높아지고, 한국은 불안해진다. 노무현의 술회를 정확하게 요약하면, 북한정권이 도발을 마음 놓고 할 수 있도록 국가생존의 가장 중요한 안전판을 철거하기로 결정하였다는 뜻이다. 이보다 더한 利敵행위가 있나? 문재인은 그런 노무현 노선의 추종자이다. 박근혜 대통령은 韓美연합사 해체, 즉 전작권 전환이 이런 利敵 목적을 깔고 결정된 것임이 노무현의 고백으로 확인된 이상, 2015년으로 예정된 해체 시기를 무기연기 시켜야 할 의무가 있다.

북한 변호하고 다닌 걸 자랑

노무현의 강연 중 다음 대목은 맨 정신으로는 읽을 수 없을 정도다.

"나는 전략적 유연성에 있어서 분명한 한계를 두었으며 PSI 또한 북한과 물리적 충돌가능성이 있는 조치에 대해서는 끝내 수용하지 않았습니다. MD 이야기는 꺼내지도 못하게 했습니다. 作計(작계) 5029도 반대했습니다. 한미 군사훈련도 최대한 축소하려고 노력했고, 남북 간 충돌의 가능성이 있는 문제를 해소하기 위해 노력했습니다.

6자회담에서 북한의 입장을 최대한 지원했습니다. 각종 국제회의에서 북한을 비난하는 발언이 나오면 최대한 사리를 밝혀서 북한을 변론했습니다. 개별 정상회담에서도 한 시간 이상을 북한을 변론하는 데 시간을 보낸 일도 있습니다. 북한을 자극하는 발언을 최대한 자제했습니다."

김정일의 대변인 또는 하수인 역할을 충직하게 하였다는 자백이다. PSI(대량살상무기 확산 방지 구상)와 MD(미사일 방어체제)는 한국의 안보와 국제평화유지에 필요한 제도이고, 도발과 테러를 일삼는 북한 정권엔 불리한 것이다. 개념계획 5029는 북한 급변 사태를 가상한 韓美軍(한미군)의 대비 계획이다. 이를 반대하였다는 건 북한 급변 사태가 정권 붕괴나 남북한 통일로 이어지는 것을 싫어한다는 뜻이다. 韓美군사훈련은 對北억지력을 점검하고 강화하여 남북한 군사 충돌 가능성을 예방하기 위한 것이다. 이를 충돌 가능성이 있는 것으로 판단, 축소하였다니! 노무현은 철저하게 김정일 시각에서 韓美동맹을 바라보았다는 이야기이다.

노무현이 6자회담과 정상회담에서 변호하였다는 북한문제는 주로 核개발 및 국제범죄 문제일 것이다. 核과 국제범죄로 가장 많은 피해를 보고 있는 대한민국 대통령이 범죄집단 변호에 열과 성을 다하였다는 이야기이다. 강간사건 피해자가 강간범을 잡으러 다니는 형사들을 찾아다니며 열심히 변호하였다는 식의 이야기를 부끄럼 없이 한다. 새누리당 정문헌 의원의 폭로에 따르면, 노무현은 자신이 북한 대변인 役을 열심히 한다는 이야기를 김정일 앞에서도 했다고 한다. 주변국들이 힘을 합쳐 北을 압박, 핵개발을 폐기하도록 해야 할 회담에서 북한 편을 들었다니! 이런 반역과 배신이 세계사에 또 있을까?

文의 1470만 표는 한국의 좌편향 언론이 만든 기적

노무현의 한 시간 분량 강연 원고를 요약하면 노무현-문재인 세력이 가진 '반역적' 對北觀(대북관)-안보관-통일관의 전모가 드러난다.

1. '남북관계의 원칙은 평화至上주의라야 한다. 평화통일을 위해선 주권의 소멸과 양도도 각오해야 한다. 북은 對南적화 의도가 없다'
2. '국가보안법이 있으면 남북 대화가 불가능하다'
3. '주한미군은 동북아에서 적대적 태도를 버리고 평화와 안정의 지렛대 역할을 해야 한다'
4. '미군을 겁내는 북한을 안심시키기 위하여 전작권 환수(한미연합사 해체)를 추진하였다'
5. '6자회담, 국제회의, 정상회담에서 북한 입장을 최대한 지지하고 변론하였다'
6. '북한이 두려워하는 한미군사 훈련을 축소시키고, PSI 및 MD 참여도 반대하였으며, 미국이 제안한 (북한 급변 대책인) 5029 계획도 반대하였다'
7. '상호주의는 대결주의의 다른 표현이다'

逆賊모의

2008년 강연 내용은, 그 1년 전 노무현-김정일 대화록의 내용과 흡사하다. 盧-金 대화록을 읽은 사람 중 한 명은 '대한민국의 국가적 품격을 떨어뜨리는 내용'이라고 표현했는데 이해가 간다. 강연 내용도 비슷한 수준이다.

　이 강연에서 노무현은 김정일 정권에 굴종, 굴욕, 양보, 변호 등 온갖 서비스를 해주려 하였던 자세를 드러내면서, 미국과 대한민국 정통세력에 대하여는 비아냥, 냉소적 표현을 하였으며, 무엇보다도 국군포로 및 납북자 송환, 北의 인권 탄압 등 인도주의 문제를 피해갔다. 그러면서 평화와 신뢰를 이야기하였다. 巧言令色(교언영색)의 극치였다. 주권과 正義(정의)를 포기한 평화는 노예의 평화, '공동묘지의 평화'일 수밖에 없다. 노무현은 김정일의 정치적·정신적 노예였다고 봄이 타당할 것이다.

　문재인은 大選기간에 이런 노무현의 從北反美 노선을 수정할 의사가 없음을 분명히 하였다. 심지어 당선되면 임기 중 낮은 단계 연방제(공산통일의 제1단계)를 실시하겠다고 다짐하였다. 이런 사람이 1470만 표를 얻었다. 문재인에게 불리한 기사는 죽이고, 박근혜에게 불리한 기사는 키운 좌편향된 한국 언론이 만든 기적이었다.

노무현은, 조국이 아닌 敵과 쭉 편이었다는 걸 論證(논증)한다!

　시기꾼과 선동꾼의 말은 거칠지도, 딱딱하지도 않다. 부드럽고 아름답기까지 하다. 巧言令色이다. 그래야 속을 것 아닌가?

"비오는 달밤에 단 둘이 홀로 앉아 지나간 미래를 추억한다."

달밤, 단 둘이, 홀로, 추억 등 감성적인 말이 많아 좋은 것 같지만 이 낱말들을 연결하면 쓰레기가 된다.
노무현의 2008년 10월 강연 중에서 예로 든다.

"북한은 한국보다 미국을 더 불신하고 두려워합니다. 유사시에 미국이 작통권을 행사하는 상황은 북한을 더욱 두렵게 하여 남북 간 대화와 협상이나 신뢰에 도움이 되지 않습니다."

대화, 협상, 신뢰는 좋은 뜻을 지닌 단어이다. 이런 좋은 것들에 도움이 되지 않는 게 있다. "유사시에 미국이 작통권(전시작전통제권)을 행사하는 것"이다. 이유는 북한을 불신과 두려움에 빠뜨리기 때문이다.
그럴 듯하지만 이는 거짓말이라고 밖에 볼 수 없다. 노무현은 북한 정권이란 존재에 대한 善惡 판단을 하지 않기 때문이다. 北은 惡(학살집단-戰犯집단-테러집단)이고 敵[反국가단체]이다. 그렇다면 北이 불신하고 두려워하는 존재, 즉 미국은 우리 편이고 善이다. 유사시에 북한이란 惡과 敵을 더욱 두렵게 하는 미국의 작통권은 좋은 것이 된다. 우리에게 좋은 작통권을 없애버리려는 노무현은 惡과 敵의 편이란 결론에 이른다.
노무현식 선동에 넘어가지 않으려면 善과 惡, 敵과 同志(동지)를 먼저 구분해야 한다. 그렇게 하도록 도와주는 게 理念(이념), 즉 이론화된 신념이다. 이념은 두 가지 작용을 한다. 공동체의 利害(이해)관계에 대한 自覺(자각)을 도와준다. 즉 누가 대한민국이란 공동체의 敵이고 동지인가를 알게 해주는 것이 이념이다. 이념은 또 자기 정당성에 대한 확신을 준다. 나의 생각과 행동이 옳다는 확신을 돕는다. 내가 북한정권을 敵과 惡으로 간주하고, 미국을 친구와 善으로 보는 게 정당하다는 확신이 바로 이념이다.

이런 이념은 헌법정신, 자유민주주의, 자본주의, 한국 현대사, 대한민국의 正體性(정체성) 등에 대한 올바른 視角(시각) 정립에서 만들어진다. 이런 이념으로 무장할 때 비로소 노무현식 선동의 허구를 간파할 수 있다.

"동북아 평화구조를 위해서는 다자 안보 대화가 필요합니다. 그런데 미국이 한국군에 대한 작전통제권을 행사하고 있는 상태라면, 이 대화 체제에서 미국이 너무 커보이게 되고 이것은 다자 체제에 도움이 되지 않을 것입니다."

우선 사실관계부터 확실히 해야 한다. "미국이 한국군에 대한 작전통제권을 행사하고 있는 상태"란 교묘한 거짓말이다. 유사시 한국군에 대한 작전통제권은 미국이 아니라 韓美연합사 사령관이 미국과 한국 대통령의 합의된 지침에 따라 행사한다. 韓美연합사 사령관은 美軍 장성이지만 그는 韓美 두 나라 국가지도부가 내린 지침 안에서만 戰作權을 행사한다. 노무현은, 이를 미국이 한국군을 지휘하는 것처럼 왜곡한 것이다. 자신이 가진 50%의 지분을 없는 것처럼 죽는 시늉을 한 뒤 戰作權을 환수해야 한다고 선동하였다. 자기 것을 어떻게 환수하나? 앵벌이가 멀쩡한 사지를 붕대로 칭칭 감고 동정을 구걸하는 꼴이다.

사실관계가 어긋나니 "미국이 너무 커보이게 되고 이것은 多者 체제에 도움이 되지 않을 것입니다"란 표현도 허위에 기초한 억지가 된다.

敵과 惡인 북한정권을 제외하고, 동북아의 어느 나라도 한국에 대하여 韓美연합사를 해체하고, 戰作權을 전환하라는 요구를 한 곳이 없다. 없는 걱정을 만들어서 한 게 노무현이다.

"그 중에서도 나는 작통권의 환수를 남북 간의 신뢰구축에 중요
한 요소로 생각하고 추진하였습니다."

여기서 '작통권의 환수'란 말은 사기적 용어다. 남북간의 신뢰구축은 惡과 善 사이의 신뢰구축을 뜻한다. 惡이 나쁜 짓을 다시는 저지르지 못하게 하여 善이 안심하는 상태가 惡과 善 사이의 신뢰이다.

惡이 그렇게 되도록 하려면 두 가지 방법이 있다. 惡이 改過遷善(개과천선)하는 것이고, 그렇게 하지 않더라도 惡이 善을 두려워하여 나쁜 짓을 못하도록 억지력을 강화하는 것이다. 그런 억지력의 표상이 바로 韓美연합사였다. 善惡 및 彼我(피아) 구분능력이 마비된 노무현은 惡과 敵에 대한 억지력을 없애는 것을 善과 惡 사이의 신뢰 구축이라고 생각하였다.

그는, 강도와 부잣집 사이에 신뢰구축을 하려면 먼저 부자가 담장

을 허물어야 한다고 주장하는 식이다. 이는 노무현이 조국이 아니라 敵과 惡의 편이었음을 증명한다.

그는 재임 중 서울 청와대에 있었으나 한국의 대통령이 아니라 평양 김정일의 하수인 역할에 더 충직하였다고 의심할 수밖에 없다. 그러니 대한민국의 친구인 미국을 괴롭힌 걸 자랑하고 敵인 북한정권을 편든 걸 부끄러워하지 않는 것이다.

"나는 전략적 유연성에 있어서 분명한 한계를 두었으며 PSI 또한 북한과 물리적 충돌가능성이 있는 조치에 대해서는 끝내 수용하지 않았습니다. MD 이야기는 꺼내지도 못하게 했습니다. 작계 5029도 반대했습니다. 한미 군사 훈련도 최대한 축소하려고 노력했고, 남북 간 충돌의 가능성이 있는 문제를 해소하기 위해 노력했습니다. 6자회담에서 북한의 입장을 최대한 지원했습니다. 각종 국제회의에서 북한을 비난하는 발언이 나오면 최대한 사리를 밝혀서 북한을 변론했습니다. 개별 정상회담에서도 한 시간 이상을 북한을 변론하는 데 시간을 보낸 일도 있습니다. 북한을 자극하는 발언을 최대한 자제했습니다. 때로는 자존심 상해도 참았습니다. 이 모두가 신뢰를 확보하기 위한 것이었습니다."

동맹국엔 악랄하게, 敵엔 비겁하게 대하였다는 걸 자랑하는 이가 대한민국 대통령이었고, 그 路線(노선)을 이어받은 이가 2012년 大選에서 1470만 표를 얻었다!

[노무현 前 대통령 10·4선언 1주년 기념 강연원고 全文]
대북정책, 근본적 전환이 필요하다

〈편집자注: 아래 원고는 노무현재단 홈페이지에 게재된 것으로
실제 강연과는 일부 차이가 있음〉

대북정책 반세기, 갈등만 있고 성과는 없다

대북정책에는 여러 가지 목표가 있을 수 있습니다. 해방 이후 지금까지 변함이 없는 목표는 통일입니다. 그 밖에 독재 시대에는 반공, 안보, 승공통일, 이런 냉전 논리가 앞자리를 차지하고 있었습니다. 냉전 체제의 붕괴와 민주화 이후에는 화해와 협력, 평화와 공존, 이런 주장이 대세를 이루고 있습니다. 그런데 문제는 지난 반세기 동안 그 어느 목표도 치열한 갈등의 소재가 되었을 뿐, 이루어진 것은 아무 것도 없다는 데 있습니다.

물론 어느 목적도 만만한 것이 없습니다. 모두가 성과를 내기가 어려운 문제들입니다. 그것이 가장 중요한 이유일 것입니다. 그러나 그렇다고 하더라도 성과가 너무 빈약합니다. 어디에 문제가 있는 것일까요? 목표가 잘못 설정된 것일 수도 있습니다. 대북문제를 다루는 인식과 자세, 사고방식에 근본적인 문제가 있을 수도 있습니다. 남북 협상에서 접근하는 방법을 잘못하고 있을 수도 있습니다.

문제를 극복하기 위해서는 원인을 분석하고 대안을 찾아야 합니다. 그 동안 대북정책으로 거론이 되어온 주제들 중에서 보다 근본적인 질문이 필요하다 싶은 문제나, 사고의 전환이 필요하다 싶은 문제 몇 가지를 짚어 보고자 합니다. 그렇게 하면 남북관계의 새로운 활로가 보일지도 모릅니다.

합리적인 대북정책을 위해서는 몇 가지 근본적인 질문이 필요하다
통일을 위해 평화를 희생할 수도 있는가?
평화통일, 과연 가능한 일인가?
통일 논의, 이대로 좋은가?

통일인가? 평화인가?

반드시 하나를 선택해야 하는 문제는 아닙니다. 그런데 왜 이런 질문이 필요할까요? 상호 충돌하는 경우가 있을 수 있기 때문입니다. 통일을 위해 평화를 희생할 수 있는 것인가요? 분단국가에 있어서 통일은 지상의 명제입니다. 이 논리대로 가면 통일을 위해 전쟁이나 무력행사를 할 수도 있다는 결론에 도달합니다. 과연 그럴 수도 있을까요? 평화는 인간의 행복에 가장 결정적인 조건입니다. 평화 없이는 아무 것도 없습니다. 전쟁으로 입은 손실은 그 무엇으로도 회복이 되지 않습니다. 우리는 이미 그것을 경험했고 아직도 고통이 계속되고 있습니다. 따라서 아무리 통일을 위한다는 명분이라 할지라도 평화를 희생시킬 수는 없는 일입니다.

나는 평화를 통일에 우선하는 가치라고 생각합니다. 통일이든 평화이든 모두 이념적 성격과 현실적 성격을 함께 가지고 있지만, 그 중에서도 통일은 이념적 포장이 많은 반면에, 평화는 이념의 포장이 없습니다. 평화는 생생하고 절실한 현실 그 자체입니다.

평화통일의 원칙을 다시 한 번 확실하게 다짐할 필요가 있습니다. 지난날 북진통일론이 있었습니다. 오늘날 이런 주장을 하는 사람은 없는 것 같지만 확실하게 정리해 두지 않으면 언제 다시 같은 주장이 나올지도 모릅니다. 그러므로 확실하게 다짐해 둘 필요가 있습니다. 평화통일 아닌 통일은 없습니다.

평화를 대북정책의 독자적인 목표로 삼자

그동안 우리 사회에서는 평화를 이야기하면서도 대북정책에 관한한, 통일로 가는 중간과정이나 통일 방안의 일환으로 평화를 말했을 뿐, 평화 그 자체를 남북관계의 목적으로 말하는 사람은 없었던 것 같습니다. 분단 상태에서 평화를 말하는 것은 공존을 이야기하는 것입니다. 그것은 북한을 인정하는 결과가 될 수도 있고, 분단 고착을 말하는 것이 될 수도 있습니다. 그래서 누구라도 조심스러웠을 것입니다. 그러나 평화를 먼저 성취하지 않고는 통일도 성취할 수 없습니다. 평화통일을 위해서는 평화가 먼저 정착되어야 한다는 것이 평화통일 전략의 내용입니다. 그리고 한반도의 통일을 위해서는 동북아의 평화구조가 선행되어야 하고, 동북아의 평화구조에는 한반도의 평화구조가 선행되어야 합니다. 이제 통일방안의 일환으로서, 또는 통일에 이르는 과정으로서의 평화가 아니라, 통일과는 별개의 독립적인 가치로서, 대북정책의 고유한 목표로 설정하여, 평화정착을 위한 전략을 말하고, 평화계획을 추진해야 합니다. 그래야 평화 정착에 진전을 볼 수 있고, 통일도 앞당길 수 있습니다.

평화통일, 과연 가능한 목표인가?

모두가 통일을 이야기합니다. 반세기가 넘도록 통일을 노래해 왔습니다. 그런데 통일의 가능성은 아직 보이지 않습니다. 통일을 너무 쉽게 이야기하는 것은 아닐까요? 통일을 너무 무책임하게 말하는 것은 아닐까요? 통일의 의미를 냉정하게 다시 짚어봐야 합니다.

원론적으로 이야기하면, 통일이란 두 개 이상의 국가 권력이 하나로 통합하는 것을 말합니다. 이론적으로는 국가연합, 연방, 단일국가를 신설해서 통합하는 신설통합이나, 어느 한 국가로 나머지 국가를 흡수하는 흡수통합이 있을 수 있습니다. 어느 경우나 국가 권력의 전부 또는 일부가 소멸하는 것을 전제로 합니다.

연방제 주장이 나오고, 남북연합이라는 개념이 국가적 정책으로 채택이 되었습니다. 이것은 국가권력의 일부를 양도하여 연방정부 또는 연합정부를 수립하자는 것입니다. 어느 개념을 채택하거나, 통일을 위해서는 권력의 소멸이나 권력의 일부를 양도하는 극적인 사건이 있어야 합니다.

평화통일이라는 것은 이런 일을 합의로 하자는 것입니다. 그런데 스스로 권력을 소멸하게 하거나 양도하는 것은 국가권력의 속성에 맞지 않는 일입니다. 그 뿐이 아닙니다. 국가는 가치체계의 최상위에 있는 도덕적 실체라는 것이 근대 이래의 국가이론입니다. 그 위에 권력은 종교, 또는 이념으로 정당성을 포장합니다. 나라를 분열하여 분단 정권을 세울 때에도 이것은 마찬가지 입니다. 그러므로 국가 권력의 정당성이나 이념적 명분을 훼손하는 양보를 말한다는 것은 반역이 될 것입니다. 누가 감히 양도를 말할 수 있겠습니까? 그래서인지 역사적으로 전쟁, 또는 일부 국가권력의 붕괴로 인한 통합은 있어도, 합의에 의한 통합은 그 사례를 찾기가 어렵습니다.

억지로 사례를 찾는다면 미국의 연방정부 수립과, 유럽의 통합을 합의에 의한 통합의 사례라고 할 수 있을 것입니다. 그러나 이것은 우리의 경우와는 의미와 여건이 아주 다릅니다. 이들 국가의 사례는 분단국가의 통합이 아닙니다. 미국의 경우는 독립전쟁이라는 역사적 성공을 이룬 동업자들 간의 통합이었고, 유럽연합의 경우는 한발 앞선 역사적 경험을 토대로 인류의 미래를 실험하고 있습니다. 우리의 경우는 일제 치하에서부터 치열한 이념의 대립과 분열이 있었고, 이것이 해방 정국에서 권력투쟁으로 이어져서 마침내 분단에 이르렀습니다. 그리고 분단 정부의 수립 후에도 세계 냉전 체제의 첨단에 서서, 동족 간의 전쟁을 치르고, 극단적인 이념대결을 벌여온 역사를 가지고 있습니다. 과연 우리는 이러한 역사적 조건의 차이를 극복하고 통합의 합의를 이루어 낼 수 있을 것인가.

비록 합의형 통일을 이룬 예멘의 사례가 있긴 하지만 그마저도 재분열과 무력에 의한 재통일을 한 바 있어, 우리가 통일을 하겠다고 하는 것은 역사에 유례가 없는 새로운 역사를 창조하겠다는 것입니다. 그냥 통일을 말할 일이 아닙니다. 진지한 자세로 통일이라는 말을 해야 합니다. 그리고 현실을 직시하고 책임 있게 말해야 합니다. 다시 한 번 정색하고 이야기해 봅니다. 과연 한반도의 평화적 통일은 가능한 일인가.

참으로 대답하기 어려운 일이 아닐 수 없습니다. 그러나 단호하게 대답해야 합니다. 가능하다라고 말입니다. 국가의 통일, 민족의 통합은 누구도 거역할 수 없는 지상의 이념입니다. 이것을 불가능하다고 말하는 것은 용납되지 않기 때문입니다. 우리는 해내야 합니다.

평화통일, 무엇을 어떻게 할 것인가?
금기를 깨고 현실을 이야기해야 한다.
분열의 원인이 된 요소들을 해소해야 한다.

국가주의 사고를 넘어서자.
국민적 합의가 필요하다.
협상의 일반 원칙을 존중해야 한다.
종국적인 관건은 신뢰이다.

우리의 대북정책에는 여러 가지 금기가 있습니다. 존재하는 현실을 현실이라고 말해서는 안 되는 금기가 있습니다. 북쪽 땅에는 대한민국의 통치권이 미치지 않습니다. 북한 정권은 사실상 국가권력입니다. 그러나 북한 땅은 우리의 영토라고 말해야 합니다. 북한 정권은 반국가 단체라고 해야 합니다. 그렇게 하지 않으면 헌법 위반이 됩니다.

북한 정권을 인정하거나, 그쪽을 긍정적으로 평가해서는 안 됩니다. 북쪽의 주장을 수용하는 말을 해서도 안 됩니다. 좌경 용공이 되고, 국가보안법 위반으로 처벌을 받을 수도 있습니다. 사실이든 아니든 그것은 상관이 없습니다. 이런 금기는 법적 정치적 당위를 강조한 결과입니다. 그러나 현실을 이야기하지 않고 어떻게 상대방과 대화를 하고, 합의를 이룰 수 있겠습니까? 국민을 설득하고, 국제사회를 설득할 수 있겠습니까? 이것은 진지하고 책임 있게 통일을 추구하는 자세가 아닐 것입니다. 금기를 깨야 합니다. 당위는 당위이고 현실은 현실입니다. 상투적인 권력투쟁, 이념투쟁을 넘어서야 합니다.

현실을 솔직히 받아들이고, 사실을 사실로 말하고, 상대를 상대로 인정하고, 상대의 주장도 수용할 것은 수용해야 합니다. 그리고 통합에 필요한 일은 무엇이라도 말할 수 있게 해야 합니다. 그래야 현실적인 통일방안에 다가갈 수 있습니다.

분단의 요인을 해소해야 한다

한반도의 분단은 세계의 패권경쟁, 국제적·국내적 이념 대결의 결과입니다. 이들 분단의 원인이 해소되지 않고는 분단을 극복할 수 없습니다. 이들 원인을 극복하고 해소해야 합니다.

자주역량과 균형외교가 필요하다

우리의 힘만으로 세계의 패권경쟁, 이념 대결 자체를 해소하기는 어려운 일일 것입니다. 그러나 한반도가 대결장이 되는 것은 막을 수 있어야 합니다. 그렇게 하기 위해서는 우선 스스로를 지킬 힘을 갖추고, 스스로 문제를 해결하겠다는 의지를 분명하게 해야 합니다. 그리고 동북아의 질서를 대결의 질서가 아니라 화해와 협력의 구조로 만들어야 합니다. 우방과의 협력이 필요합니다. 그러나 진영외교, 일방외교는 분단의 원인을 해소하는 방법이 아닙니다. 분단을 극복하기 위해서는 통합에 대한 주변 국가의 동의를 얻어내야 합니다. 이렇게 하기 위해서는 자주역량과 균형외교가 필요합니다.

이념 대결을 넘어서자

이념 대결의 틀 안에서 이념 대결로 빚어진 분단을 합의로 극복한다는 것은 논리의 모순입니다. 승공통일의 사고를 넘어서야 합니다. 사사건건 시비를 하는 대결주의도 이제 그만해야 합니다.

국가주의 사고를 넘어서자

앞에서 말했듯이 전통적인 국가관을 그대로 따르면, 국가권력의 일부를 양도하자고 말하는 것은 반역입니다. 그런데 지금 유럽에서는 유럽의 통합을 위해 주권의 일부를 양도하는 실험을 하고 있습니다. 그들은 미래를 위해 국가 주권의 의미와 가치를 새롭게 사고하고 있는 것입니다. 우리도 진심으로 통합을 성취하고자 한다면, 새로운 사고를 해야 합니다. 통합을 위해서는 주권의 일부를 양도할 수도 있고, 양보가 항복도 이적행위도 아니라는 인식을 수용해야 합니다. 그렇게 하지 않고는 평화통일을 말해서는 안 됩니다. 진정으로 통합을 하려고 한다면 진정한 사고의 전환이 필요한 대목입니다. 국가주의 사고를 넘어서야 합니다.

정쟁의 수준을 높여야 한다

남북 통합은 민족의 지상과제입니다. 정파적 이해를 넘어서는 것입니다. 그래서 모든 정파가 초당적 협력을 이야기합니다. 그러면서도 막상 부닥치면 사사건건 치열한 정쟁의 대상이 됩니다. 당연하다고 할 수 있습니다. 통합의 전략이 다를 수 있고, 전략이 다르지 않더라도 실행과정에 대한 비판적 접근은 야당의 당연한 권리이기 때문입니다. 그러나 우리나라 정치에서 대북정책을 놓고 벌어지는 정쟁은 그런 수준이 아닙니다. 전략 논쟁도 아니고 논리적 비판도 아닙니다.

빨갱이 만들기, 친북좌파 만들기 같은 맹목적 이념 대결과 정치 공작의 수준을 넘지 못하고 있습니다. 이념 대결로 생긴 분단을 넘어서자고 하면서 이념 대결에 매달리고 있는 것입니다. 민주화 이후 달라졌다고는 하나 기본적인 사고의 구조는 전혀 달라지지 않고 있습니다. 정쟁이 이런 수준을 벗어나지 못하면 통일은 가망이 없습니다. 이제 정쟁을 가치와 전략의 수준으로 높여야 합니다. 정치인들 스스로 그렇게 할 수 있을 것인가. 기대하기 어렵습니다. 국민의 힘이 필요합니다.

국민적 합의가 필요하다

국민의 힘이란 국민적 합의에서 나옵니다. 정쟁에 휘둘리지 않고 대북정책의 가치와 전략을 명료하게 이해하고, 이를 토대로 여론의 대세를 형성하고, 나아가서는 이를 투표 결과에 반영할 수 있는 수준에 이르렀을 때, 이것을 국민적 합의라고 말할 수 있을 것입니다. 권력의 속성과 정권의 욕심을 넘어서 권력을 양보하여 통합을 이루는 일은 역사에 없는 일입니다. 그러므로 그런 일은 역사의 법칙에 맞지 않는다고 말할 수 있을지 모릅니다. 그러나 그렇지 않습니다. 역사는 권력이 만드는 것이 아니라 국민이 만들어 갑니다. 여기에 국민적 힘을 말하고 국민적 합의를 말하는 의미가 있는 것입니다. 협상의 일반적 원칙을 존중해야 한다. 남북관계는 지금 협상의 국면에 있습니다. 흔히들 외교적 수완, 또는 협상의 기술이라는 말을 씁니다. 이 말을 얼른 들으면 협상의 요체가 무슨 기교라는 생각을 하기 쉽습니다. 그러나 외교나 협상은 결코 기술이나 수완으로 되는 일이 아닙니다. 원칙이 중요합니다. 협상에서 존중해야 할 일반적 원칙은 무엇입니까.

상대를 인정하고 존중해야 한다

협상을 하면서 상대방을 인정하지 않는 태도를 취하는 것은 논리적으로 모순입니다. 실제로 남북 간 협상에서는 정통성에 관련되는 발언 시비로 협상 자체가 무산되어 버리거나 협상에 들어가서도 시간만 낭비하고 마는 일이 일상화되어 있었습니다. 상대방을 존중하지 않고 감정과 비난을 일삼는 일도 삼가야 합니다.

상대방의 목적과 이익을 존중해야 한다

협상은 상호간의 이익을 도모하는 일이기 때문입니다. 적화통일의 목적을 존중할 수는 없는 일입니다. 그러나 북쪽이 그런 목적을 가지고 있다 하더라도 그것은 역량에 맞지 않는 비현실적인 것입니다. 체제 유지를 위한 명분용 이상의 의미는 없을 것입니다. 현실적 상황에 맞는 북쪽의 목적은 체제를 방어하고 유지하는 것일 겁니다.

이것을 인정하고 존중할 것인가. 평화를 위해서는 그래야 할 것입니다. 이것을 존중하면서 통일을 이야기할 수 있을 것인가. 이야기가 이렇게 가면 이 문제는 매우 복잡해집니다. 별도의 논의가 필요해집니다. 그 밖에 평화와 번영, 그리고 통일이라는 목적은 우리와 다르지 않을 것입니다.

성실한 자세로 합리적인 협상을 해야 한다

진심을 가지고 협상에 임하고, 진실한 사실과 사리에 맞는 논리로 협상을 해야 한다는 것입니다. 협상에서는 전략적 발언이 필요한 경우도 있습니다. 그러나 정치적 명분을 위한 거짓말이나 억지 주장은 협상을 위태롭게 합니다. 기 싸움을 하거나 국내 정치용이나 국제사회 명분용으로 상대를 비난하는 것은 절제해야 합니다.

사리를 따져 상대의 잘못을 지적할 일도 협상에 도움이 될 것인지를 따져서 하는 지혜가 필요합니다. 그렇게 하지 않으면 감정이 쌓이고 신뢰가 무너집니다.

협상의 결과는 반드시 이행해야 한다

약속은 지켜야 한다는 것은 모든 인간관계의 기본입니다. 국가 간의 협상결과는 약속 중에서도 특별히 엄숙하고 무거운 약속입니다. 그런데 지난날 우리는 수시로 약속을 이행하지 않고 뒤집었습니다. 북한이 그렇게 한다고 우리도 그렇게 할 일은 아닙니다.

결정적인 열쇠는 신뢰이다

신뢰 없이는 아무 것도 성사시킬 수 없습니다. 평화와 공존에 대한 신뢰, 진심으로 협상에 임할 것이라는 믿음, 약속은 반드시 이행할 것이라는 믿음이 중요합니다. '북한은 믿을 수 없는 상대이다. 믿을 수 없는 상대를 두고 신뢰를 말하는 것은 사리에 맞지 않다'는 주장을 하고 싶은 사람이 있을 것입니다.

그런데 상대방도 그렇게 주장할지 모릅니다. 상호불신이 생겨나는 것입니다. 이렇게 가면 아무것도 할 수 없습니다. 양쪽은 오랫동안 적대적 관계에 있었습니다. 신뢰가 존재할 리가 없습니다. 대화를 통해 신뢰를 만들어가야 합니다.

어떻게 해야 하는가. 우리가 먼저 상대를 신뢰하고 일을 해 나가야 합니다. 신뢰하지 못해서 아무 일도 할 수 없다면 한 발짝도 앞으로 나가지 못합니다. 신뢰가 무너져도 낭패가 되지 않을만한 일, 상대가 약속을 위반할 경우에도 대비가 가능한 일, 이런 일부터 해나가면서 신뢰를 쌓아가야 합니다. 이렇게 하면 상대방도 신뢰할 수 있는 상대로 변화할 수 있을 것입니다.

역지사지 하는 자세가 필요하다

모든 문제에 관해 상대방의 처지에서 생각해 보아야 합니다. 그렇게 하지 않으면 상대방이 하는 일마다 의심하고 불신하게 됩니다. 사고의 전환이 필요한 구체적인 문제들을 몇 가지 살펴보자.

흡수통일은 평화통일인가?

결과적으로 그렇게 되는 것은 평화통일이 될 수도 있을 것입니다. 그러나 흡수통일을 전략으로 삼아서 상대 권력의 붕괴를 추진한다면 그것은 북한을 자극하여 평화통일을 깨는 일이 될 수 있습니다. 탈북자 문제, 북한의 인권 문제를 다룰 때 조심스럽게 접근해야 하는 이유입니다. 만일에 그런 일이 생긴다면 그 결과가 어떤 방향으로 가게 될지 예측하기 어려운 위기상황이 될 수도 있고, 통제하기 어려운 재앙이 될 수도 있을 것입니다.

그럼에도 북의 붕괴를 획책하는 발언과 행동을 하는 사람들이 적지 않습니다. 생각이 짧은 사람들입니다.

국가보안법

국가보안법에 의하면 북한은 반국가 단체입니다. 상대를 인정하지 않는 것입니다. 이 법대로 하면 남북 간의 대화는 불가능하게 됩니다. 대담이나 토론에 나가보면 '연방제를 어떻게 생각하는가?' 이런 질문을 하는 사람이 있습니다. 가끔이 아니고 반드시 있습니다. 연방제에 대해 긍정적인 답변을 하면 당장 시비가 됩니다. 6·15 공동선언에서 언급한 연방제 문제도 언론과 국회에서 종종 시비꺼리가 됩니다. 연방제 주장이 찬양, 고무에 해당한다는 국가보안법 판례가 있었습니다. 김정일 위원장을 어떻게 생각하는가라는 질문을 수없이 많이 받았습니다. 그 중 대부분은 시비거리를 만들거나 보도하기 위한 것이었습니다. '합리적이다', '명석해 보인다' 이런 대답을 하면 당장 국내에서 큰 시비가 걸립니다. 법적으로는 찬양·고무가 될 수도 있습니다. 그렇다고 대화의 상대방을 '약간 이상한 사람이다' 이렇게 말할 수는 없는 노릇입니다. '6·25전쟁은 남침인가? 통일전쟁인가?' 이런 질문을 던지는 사람이 있습니다. 악의적인 이념 공세입니다. 이 또한 국가보안법의 문제가 될 수 있습니다. 이처럼 국가보안법은 이념적 대결주의를 강력하게 뒷받침하는 근거가 되고 있습니다. 남북 대화의 걸림돌입니다.

9·19선언과 10·4선언에 관하여

지난 2005년 9·19선언은 북핵 문제 뿐만 아니라 '동북아 평화를 위한 구상'이 들어 있었습니다. 그런데 그 다음날 깨져 버렸습니다. BDA에 대한 미국의 재제조치 때문이었습니다. 그리고 핵실험이 이어졌고, 북미 회담은 2년 이상 지체되어 버렸습니다. 비싼 대가를 치른 것입니다. 2007년 10·4선언은 이념적, 정치적 성격은 거의 없고 실용적·실무적 내용으로 된 선언입니다.

그런데 이명박 정부는 이 선언을 존중하지 않고 있습니다. 그 결과로 남북관계가 다시 막혀버렸습니다. 관계를 복원하는데 많은 시간과 부담이 들어가야 할지 알 수 없습니다. 분명한 것은 관계 복원을 위해 허겁지겁 이런 저런 제안을 하는 모습이 좀 초조해 보입니다. 그야말로 '자존심 상하게', '퍼주고', '끌려 다니는' 모습이 되지 않을까 걱정됩니다. 자존심 상하고, 퍼주고, 끌려 다닌다, 이런 비난은 지난 10년간 한나라당의 전매 특허였습니다. 그러나 보다 중요한 결과로서 신뢰가 파괴된다는 것입니다.

지금도 상대를 자극하고 신뢰를 흔드는 일이 많다

한미 동맹은 본시 대북 억지를 위한 것입니다. 지금도 그 목적은 유효할 것입니다. 그러나 남북 간 국력의 차이와 냉전 구도의 변화로 대북 억지를 위한 한미 동맹의 중요성은 많이 떨어졌습니다. 지금은 남북 대화의 국면입니다. 진정으로 대화를 성사시키고자 하는 생각이 있다면, 현재의 상황에서 대북억지를 위한 한미동맹과 관련된 수사적인 표현의 수준을 있는 대로 높여서 강조하는 것은 굳이 필요하지는 않습니다. 대북 억지를 위한 한미 동맹을 강조하지 않는 것이 좋을 상황입니다. 여기에다 일본까지 끌어넣어 더불어 '이념과 가치를 함께하는' 한·미·일 협력관계를 과시하는 것은 남북관계는 물론, 나아가서는 중국, 러시아와의 관계까지 불편하게 만들뿐입니다. 주한미군의 역할에 대해서도, 이제는 동북아에서 어느 한 쪽과도 적대적이지 않은 평화와 안정의 지렛대 역할에 비중을 두는 것이 동북아의 상황에도 맞고, 남북 간의 대화 국면에도 적절할 것입니다. 그런데 굳이 한미 동맹과 한미일 이념 공조를 강조하고, 북한을 굳이 주적이라 명시하고, 그것도 모자라 선제공격의 가능성까지 공공연히 거론하는 사람들이 있습니다. 이렇게 해서 어떻게 남북 간에 신뢰 있는 대화를 할 수 있겠습니까? 이렇게 해서 어떻게 중국과 러시아의 협력을 얻고, 동북아 평화 구조를 만들 수 있겠습니까? 여기에서 PSI와 MD에까지 가담을 하게 되면 이것은 한반도와 동북아를 대결구도로 만들고 우리도 그 한쪽에 가담한다는 뜻을 행동으로 보여주는 것이 됩니다. 정말 이것이 동북아와 한반도에 평화를 정착시키고, 대화를 촉진하는 길이 될까요? 이것을 평화통일의 전략이라고 할 수 있습니까?

북한은 한미 합동 군사훈련을 큰 위협으로 생각하고 있습니다. 작계 5027은 북한의 도발을 전제로 하고 있고, 북한의 도발을 억제하기 위한 경고성 계획일 것입니다. 그러나 그 내용은 일단 전쟁이 시작되면 한미 연합군이 북한 전역을 완전히 석권한다는 내용입니다. 북한은 이 전제의 해석에 의구심을 가지고 있을지도 모릅니다. 중국으로서도 신경이 쓰일만한 내용입니다. 작계 5029는 전쟁 이외의 사유에 의한 북한의 유사시에 한미 연합군이 북한 지역에서 합동작전을 펼치는 것을 내용으로 하는 계획입니다. 노무현 정부 시절 미국이 한국에 제안하였으나 한국은 이것을 거절하는 바람에 작전계획으로 성립하지 않고 있으나 이명박 정부에서 이 계획이 다시 거론되고 있습니다. 그런데 이 역시 북한과 중국을 자극할만한 민감한 것입니다.

작계 5027은 한미 상호방위조약에 근거를 두고 있는 것이나, 작계 5029는 그런 근거가 없습니다. 과연 지금 이런 작전 계획이 필요한 것일까요? 설사 필요한 것이라 할지라도 북한, 중국과의 신뢰를 훼손할 수도 있는 부담을 무릅쓰고 강행할 만한 가치가 있는 것일까요?

역지사지 한다는 것은 어떤 것인가?

북한이 핵무기를 개발하려는 목적이 무엇입니까? 북한의 처지에서 생각해봅시다. 북한은 주한미군의 주둔과 대규모의 한미 합동 군사훈련에 대해 어떤 느낌을 가지고 있을까요? 한국의 국력과 군사력에 대하여 어떤 느낌을 가지고 있을까요? 우리가 송전을 제안했으나 북측은 받지 않았습니다. 언제라도 목을 조를 수 있는 일이라서 선뜻 받아들이기가 어려웠을 것입니다.

한강 하구나 휴전선 이남에 합작 공단을 조성하자는 주장들이 있었습니다. 과연 북쪽이 받아들일 수 있는 방안인지를 생각해 보았는지 의심스러운 제안입니다. 여우와 두루미의 우화와 같은 발상이 아닐 수 없습니다. 이렇게 처지를 바꾸어 놓고 생각해보면 사리를 보다 객관적으로 이해할 수 있고, 상대방의 생각도 보다 잘 이해할 수 있게 됩니다.

나는 당선자 시절 북핵 문제가 불거졌을 때, 미국의 무력행사 가능성에 대해 분명하게 반대한다는 발언을 했습니다. 물론 무력행사 가능성에 대한 언급은 북한의 굴복을 받기 위한 전술적인 것일 수도 있습니다. 그래서 어떤 전술가들은 나의 발언을 서투른 아마추어라고 비난했을 것입니다. 그러나 남북관계에서 원칙을 바로 세우고, 신뢰를 유지한다는 것은 이런 전술적 가치보다 훨씬 중요한 것입니다. 분명하게 원칙을 말하여 국민의 공감대를 형성하고 상대방에게 신뢰를 주어야 합니다.

작전 통제권의 환수

자주국가라면 당연히 작전 통제권을 스스로 행사해야 합니다. 그것만으로도 작전 통제권을 환수해야 할 이유는 충분합니다. 그러나 작통권 환수는 그 이상의 의미가 있습니다. 언젠가 한반도 평화체제에 관한 협상을 하게 될 것입니다.

여기에 작통권도 가지지 않은 나라가 참여한다는 것이 시비거리가 될 것입니다. 북한은 한국보다 미국을 더 불신하고 두려워합니다. 유사시에 미국이 작통권을 행사하는 상황은 북한을 더욱 두렵게 하여 남북 간 대화와 협상이나 신뢰에 도움이 되지 않습니다.

동북아 평화구조를 위해서는 다자 안보 대화가 필요합니다. 그런데 미국이 한국군에 대한 작전 통제권을 행사하고 있는 상태라면, 이 대화 체제에서 미국이 너무 커보이게 되고 이것은 다자 체제에 도움이 되지 않을 것입니다. 그 중에서도 나는 작통권의 환수를 남북 간의 신뢰구축에 중요한 요소로 생각하고 추진하였습니다.

나는 전략적 유연성에 있어서 분명한 한계를 두었으며 PSI 또한 북한과 물리적 충돌가능성이 있는 조치에 대해서는 끝내 수용하지 않았습니다. MD 이야기는 꺼내지도 못하게 했습니다. 작계 5029도 반대했습니다. 한미 군사 훈련도 최대한 축소하려고 노력했고, 남북 간 충돌의 가능성이 있는 문제를 해소하기 위해 노력했습니다. 6자회담에서 북한의 입장을 최대한 지원했습니다. 각종 국제 회의에서 북한을 비난하는 발언이 나오면 최대한 사리를 밝혀서 북한을 변론했습니다. 개별 정상회담에서도 한 시간 이상을 북한을 변론하는 데 시간을 보낸 일도 있습니다. 북한을 자극하는 발언을 최대한 자제했습니다. 때로는 자존심 상해도 참았습니다. 이 모두가 신뢰를 확보하기 위한 것이었습니다. 물론 북한의 보답은 빠르지 않았습니다. 그러나 그렇게 해서 남북관계는 크게 확대되었습니다.

결국은 정상회담도 할 수 있었습니다. 정상회담에서는 많은 합의가 있었습니다. 한 번의 정상회담에서 합의한 내용의 크기를 평가하면 양적으로나 질적으로나 유례를 찾기 어려운 기록일 것입니다. BDA만 아니었더라면 정상회담은 훨씬 일찍 열렸을 것이고 남북관계는 훨씬 앞으로 나아갔을 것입니다.

상호주의란 무엇인가?

말 뜻 그대로라면 당연한 사리로 보입니다. 그러나 상호주의라는 말의 내용을 분명하게 정의하는 것은 매우 어렵습니다. 가치를 비교하는 방법이 다양하고 주관적이기 때문입니다. 귀에 걸면 귀걸이, 코에 걸면 코걸이로 쓰일 수 있는 말입니다. 개성공단 투자는 장기적인 평화와 번영을 목적으로 한 것입니다. 이것은 상호주의에 맞는 것인가요, 아닌가요. 해주공단, 안변 조선공단, 이런 것이 성사되면 우리 경제에도 큰 활로가 열릴 것입니다.

그런데 개성 평양 간 도로와 철도에 대한 투자에는 시비가 많았습니다. 대북정책에 관한 한 상호주의라는 말은 대화와 협력 정책에 대해 시비를 거는 데 사용되어 온 용어입니다. '왜 일방적으로 퍼주는가? 자존심도 없는가? 왜 끌려 다니는가? 본때를 보여야 한다' 이런 비난의 뒤에 '상호주의를 해야 한다'는 주장이 따라옵니다. 결국 상호주의라는 말은 대결주의의 또 다른 표현에 불과합니다.

실용주의라는 말이 많이 쓰인다

이 말에 대한 언론의 반응도 좋은 것 같습니다. 그런데 실용주의의 반대 개념은 무엇인가? 가치, 이념, 정통성, 이런 개념일 것입니다. 국가보안법을 강조하는 것, 동맹을 강조하는 것, 자유민주주의의 가치를 강조하는 것, 이런 것은 실용주의인가요 이념주의인가요? 연방제 말만 나오면 시비를 걸고, 김정일 위원장의 인품을 묻고, 6·25전쟁의 성격이 무엇인지 물어서 시비를 하려고 하는 자세는 실용주의에 맞는 것인가요? 실용주의 운운 하는 언론 보도를 보면 정말 헷갈립니다.

결국 대북정책은 근본적인 사고와 자세가 중요하다

이런 저런 구체적인 통일방안이나 협상의 전략이 중요한 것이 아닙니다. 구체적인 방안이나 전략은 근본적인 사고와 자세에서 나오는 것입니다. 사고와 자세를 근본적으로 전환해야 합니다.

7

西海 NLL 반역 秘史

김대중의 '먼저 쏘지 말라'는 지시는 참수리호를 희생물로 바쳤다

西海 NLL 반역 秘史

묵살된 '결정적 도발 정보'

국군 5679부대는 對北(대북)통신감청을 主임무로 한다. 2002년 6월, 제2차 연평해전 당시 국군 5679부대장이었던 韓哲鏞(한철용) 예비역 육군소장은 그해 6월13일 북한함정의 서해 NLL(북방한계선) 침범과 관련한 결정적 정보를 입수했다.

6월14일 국군 최고위 정보관계자 회의에서 韓 소장은 이 '민감한 특이 정보(교신 내용)'를 강조했다. 14일 합참 정보본부는 이 '민감한 특이 정보'를 빼고 북한함정의 침범을 '의도적 침범'이 아닌 '단순 침범'이라고 판단해 예하 부대에 통보했다. 韓 소장은 6월27일의 북한함정 NLL 침범 때도 도발 의도를 보여주는 결정적 첩보를 보고했으나 합참 정보본부는, 이 침범도 '단순 침범'이라고 판단했다. NLL을

● 남북한 좌파 정권이 국군을 협공하여 젊은 장병들을 제물로 敵의 아가리로 바쳤다

 지키던 한국 해군은 적절한 事前(사전) 경보를 받지 못하고 6·29 기습을 당한 것이다.
 '민감한 특이 정보'가 묵살된 이유는 金大中(김대중) 대통령의 햇볕정책에 어긋나는 정보를 축소·은폐하려는 분위기가 軍 지휘부에 형성되어 있었기 때문이란 것이 韓 소장의 생각이다. 韓 소장은 "햇볕정책을 뒷받침한다고 북한군의 도발징후를 쉬쉬하다가 엄청난 사태가 발생했다"고 주장했다.
 1999년 6월 제1차 연평해전에서 우리 해군이 이긴 직후 金大中 대통령은 국무회의에서 "첫째, 북방한계선을 지켜라. 둘째, 먼저 발포하지 말라. 셋째, 상대가 발사하면 交戰(교전)수칙을 준수해 격퇴하라. 넷째, 전쟁으로 확대되도록 하지 말라"는 4대 지침을 내렸다.
 이 지침은 敵에 유리하고 我軍(아군)에는 일방적으로 불리한 지시다. NLL을 상습적으로 침범하는 敵의 함정에 "먼저 발포하지 말라"는 지시는, 결투의 규칙을 지키지 않는 惡黨(악당)을 잡으러 나가는 보안관을 향해서 "절대로 먼저 쏘지 말고 악당을 잡으라"고 말하는 것과 같다.
 2002년 6월29일 제2차 연평해전 당시 서해상에서 기습을 당해 죽은 여섯 명의 해군 장병은 金大中 대통령의 이 '자살적 지시'를 충실히 수행하다가 敵의 아가리로 祭物(제물)처럼 바쳐졌다.

逆賊모의 153

서해 NLL은 백령도 북단을 시작으로 한강 하구까지 이어진다. 제1연평해전을 비롯 천안함 폭침도 NLL 부근에서 발생했다. ⓒ대한민국 국방부

반역적 사격 중지 명령

　2002년 6월29일 오전, NLL을 넘어온 북한 경비정 684호는 砲身(포신)을 정조준 자세로 내렸다. 우리 해군 고속정 참수리 358호는 利敵的(이적적)인 교전수칙에 따른다고 경고사격도 하지 못하고 이 북한 경비정에 500야드(457m)까지 접근하여 경고방송을 했다. 북한 경비정은 경고방송을 무시하고 시속 12노트로 남하했다. 이렇게 되면 당연히 경고사격을 했어야 했다. 참수리 358호는 북한 함정 앞을 가로질러 지나갔을 뿐 경고사격을 하지 않았다. 햇볕정책이란 '마취약'이 국군 지휘부의 의지력을 마비시켜놓으니 아무리 뛰어난 장비를 가져도 쓸모가 없게 된 것이다.
　358호를 뒤따라 가던 참수리 357호가 南下하는 敵의 경비정 앞을

왼쪽 측면을 노출시킨 채 지나갈 때 敵船(적선)이 눈앞의 목표를 향해서 사격했다. 敵의 포탄은 참수리호의 조타실에 명중했다. 참수리호의 대원들은 조건반사적으로 應射(응사)했다. 敵船의 뒤로 돌아가 있던 358호도 북한 경비정 684호에 집중사격을 퍼부었다. 북한 경비정은 곧 무력화되었다. 이때 이해할 수 없는 일이 일어났다.

주변의 우리 해군 함정이 무력화된 북한 경비정 684호와 이를 끌고가려고 NLL을 넘어온 북한 예인함정 388호를 격침시키지 않은 것이다. 684호에 기습을 받은 참수리호는 침몰했지만 우리 해군은 敵船을 보고도 보복하지 않았다. 사격 중지 명령이 내려왔기 때문이다. 金大中의 반역적 햇볕정책에 기초한 '자살적 交戰지침'이 국군 지휘부의 전투의지를 마비시켰기 때문이다. 김대중 정부는 이 의도적 기습을 '우발적 사건'이라고 발표했다. 6명이 죽고 19명이 부상한 기습사건의 피해자인 국군이 아니라 침략자 김정일 정권을 비호한 것이다. 한철용 5679부대장은 비망록에서 이렇게 주장했다.

〈그런데 합참 정보본부는 어느 특정집단의 대변자인 것처럼 '우발적'이고 '경비정 단독범행'이라고 계속 주장하길래 추가적인 자료 두 건을 갖고 정보본부의 입장에 반박했더니 버럭 화를 내면서 정보지원 미흡으로 조사하겠다고 천명하였던 것이다〉

정보 수집 부대장은 옷을 벗고

북한 함정의 기습 의도가 담긴 '특이 정보'를 보고했으나 상부에서 묵살 당했던 한철용 부대장은 사건 후에 정보지원 미흡이란 이유로 조사를 받고 자진 轉役(전역)했다. 김대중 대통령과 국방장관은 참수리호의 순직자 장례식에도 참여하지 않았다. 金 대통령은 사건 다음 날 일본으로 월드컵 경기를 구경하러 떠났다.

6명의 해군 장병들이 戰死(전사)한 북한군의 기습사건에 대해서 MBC는 북한군을 비호하고 국군을 비난하는 왜곡 보도를 계속했다. 당시 MBC는 '꽃게잡이로 빚어진 갈등이 해상교전으로 확대된 지금…' 운운하는 兩非論(양비론)을 폈고, 交戰시엔 우리 어선이 철수했는데도 '우리 군이 (우리 어선의) 불법조업을 묵인하고 있을 때 북한 경비정이 우리 어선쪽으로 내려왔다'고 허위보도를 했다.

이런 왜곡보도를 지적한 〈월간조선〉을 상대로 판매금지 가처분 신청을 법원에 냈던 MBC는 敗訴(패소)했다. 西海 기습으로 죽은 유가족들은 푸대접을 받았고 한 순직자의 부인은 조국에 절망하고 이민을 갔다.

북한 함정에 경고사격했다고
국방장관과 정보본부장 몰아낸 노무현 정권

김대중과 김정일 정권, 비겁한 국군 지휘부, 그리고 御用(어용)방송이 직·간접으로 공조하여 NLL을 死守(사수)하려는 애국군인들을 모욕한 2002년 '6·29 기습사건'은 그 2년 후 비슷한 모양새로 再演(재연)되었다. 재향군인회의 인터넷 신문 〈코나스〉는 2007년 10월 이렇게 보도했다.

〈지난 10월17일 오전 서울 잠실 향군회관에서 열린 재향군인회와 성우회의 NLL 관련 對국민 성명서 발표회 자리에는, 3년 전 북한 해군 경비함의 NLL 침범사건과 관련해 자의반 타의반으로 轉役한 박승춘 前 국방부 정보본부장(예비역 육군중장)이 참석해 당시의 사건 경위를 처음으로 공개했다.

당시 사건은 북한 경비함이 NLL을 不法남침하자 우리 해군이 수 차례의 경고통신을 보냈으나 북한이 이에 불응하자 경고사격으로 북한 함정을 격퇴시킨 것이다. 우리 측 경고통신에 대해 북한이 정당하게 응신했다는 북측의 억지 주장을 NSC(국가안전보장회의)가 정당한 것처럼 받아들였다. 그러면서도 작전에 참가한 우리 軍과 장병들을 조사하고 국방부에 사과성명을 내게 하는 등 북측 요구를 일방적으로 들어주려는 움직임을 보였다.

이에 격분한 朴 정보본부장은 당시의 작전상황(남북 간 교신 내용)을 언론에 공개하며 NSC의 부당한 사건처리에 맞섰다. 청와대가 그를 '國紀(국기) 문란자'로 몰아 징계조치를 취하려 하자 군의 명예와 부하 장병들을 보호한다며 스스로 군복을 벗었다. 정보본부장으로 보직된 지 2개월만에 전역을 한 것이다〉

박승춘 예비역 장군의 발표문 全文을 소개한다.

1. 2004년 북한 경비함(등산곶684호) NLL 침범사건

2004년 7월 북한 경비함의 NLL 침범사건으로 전역한 박승춘 예비역 육군 중장입니다. 대한민국을 지키는 데 일생을 바쳐온 존경하는 선배님들께서 이제는 편히 쉬셔야 할 나이에 이렇게 모이셔서 규탄대회를 해야 하는 현실을 정말 안타깝게 생각합니다. 저는 지금까지 2004년 NLL사건 내용을 공개석상에서 밝힌 적이 없습니다. 그러나 지금은 2004년 NLL 사건 내용이 NLL을 死守하는 데 도움이 될 수 있다는 생각에 잠시 말씀 드리겠습니다.

2. 사건개요

- 2004년 7월14일 16:47 북한 경비함 등산곶 684호가 NLL을 侵犯時(침범시) 우리 해군이 경고 사격으로 북한 경비함을 퇴각시킨 작전으로, 이 작전과정에서 북한 경비함이 我側(아측) 경고 통신에는 침묵을 지키면서 일방적인 북한의 주장을 我側에 3회 통보한 것을 북한의 應信(응신)으로 인정하여, 국방부 내 지휘계통을 통해 보고하지 않았다는 이유로, NLL을 침범한 북한에 대해서는 아무런 조치를 취하지 않고 국방부에 사과 성명을 발표케 하고, 작전한 장병들을 처벌하려 한 사건입니다.
- 남북한이 '서해상에서 우발적 충돌방지를 위해' 2004년 6월15일부터 국제공용 상선망을 활용한 통신망을 운영하기로 합의한 이후 1개월 만에 북한 경비함이 NLL을 침범한 것입니다.

정부의 NLL 침범 사건 처리과정에서의 문제점

① 북한 경비함의 NLL 침범 다음날인 7월15일 북한이 아측에 항의 전문을 보냈고, 7월16일 NSC상임위가 소집되어 우리 군을 사과시키고, 조사단을 구성, 조사를 결정한 점

② 북한 경비함이 NLL 침범시 我 함정의 경고 통신에 정상석으로 응신한 것이 아니라 일방적인 자신들의 주장을 '我 함정에 통보해 주었다고 한 것'을

정부가 정상적인 응신이라고 인정한 점

> ***북한 電文(전문) 내용**
> 우리측은 7월 14일 16시 41분부터 45분 사이에 국제해상 초단파 무전기로 3차례에 걸쳐 귀측을 호출하면서 제3국 어선들의 움직임을 통보해 주었으나 귀측은 아무런 응답도 하지 않았습니다.

③ 북한 경비함이 제3국 어선들의 움직임이라고 我側에 3차례 통보한 내용은,
 - 북한 경비함이 NLL을 침범한 상태에서 '지금 내려가는 거 우리 어선 아니고 중국 어선이다'라고 NLL 침범을 기만하기 위한 통신과
 - 북한이 주장하는 NLL 즉 해상 경계선 수역에 我 선박이 침범했다고 통보한 것으로 군이 지휘계통을 통해 보고할 가치가 없는 내용이라고 판단한 것을 문제 삼은 것
④ 북한 경비함의 NLL 침범시 我 함정의 3회의 경고통신에 무응답하여 남북합의를 위반한 것은 북한인데, 我側에 보낸 電文에서는 역으로 북한이 주장하는 해상 경계선에 我 선박이 침범했다고 我側에 통보했는데 我側이 아무런 응답도 하지 않았다고 오히려 我側에 항의한 것에 대해서는 정부가 아무런 조치를 취하지 않은 점
⑤ NLL을 침범한 북한 경비함은 서해교전(2002년 6월29일)에서 我 해군 장병 6명을 기습사격으로 戰死케 한 북한경비함 등산곶 684호인 점
⑥ 국가안보 최고 의결 기관인 NSC 상임위가 2004년 7월16일 소집되어 북한이 주장하는 해상경계선에 我 선박이 침범했다고 항의한 북한에 대해서는 아무런 조치를 취하지 않고 작전한 국방부를 사과시키고 我 장병을 처벌

逆賊모의

하려고 조사단 구성과 조사 착수를 결정한 점

⑦ 북한 경비정이 NLL을 침범했는데 작전한 我 장병들이 처벌을 받아서는 안 되겠다는 생각에 장병들의 처벌을 막으려 그 실상을 언론에 공개한 것에 대해 노무현 대통령은 본인을 '國紀(국기)문란자'로 지목한 점

⑧ 실상이 밝혀지자 장병들의 처벌은 하지 못하고 대신 본인을 인사위원회에 회부 강제 전역시키려 한 점

　*본인은 인사위원회 회부 5분 전에 회부와 전역 택일을 요구받고
　- 군과 부하를 위해 한 일을 가지고 불명예 전역 당하는 것을 원치 않았고
　- 군 스스로 본인을 불명예 전역시켜 역사에 오점을 남기게 하고 싶지 않았으며
　- 인사위원회에 회부되어 진술하다 보면 언론 공개시 본인을 보좌해준 부하들을 다치게 할 수 있다는 생각에 전역을 결심하였고, 2004년 7월31일부로, 정보본부장 부임 2개월만에 전역하였습니다.

이상으로 NLL 사건의 진상을 간략히 말씀 드린 바와 같이, 노무현 대통령은 서해교전에서 NLL을 사수하다 戰死한 장병의 추모식에는 한 번도 참석하지 않았고, 서해교전에서 우리 장병 6명을 기습 공격으로 戰死케 한 북한 경비정 등산곶 684호가 다시 NLL을 침범했는데, 대한민국 대통령이 대한민국을 지키기 위해 작전한 우리 군을 사과시키고, 조사하고, 국기문란자로 몰아 전역시켰습니다. 노무현 대통령의 평소 생각을 짐작할 수 있을 것 같습니다. 이제 NLL을 그리고 대한민국을 국민의 힘으로 지켜야 합니다. 대한민국의 주인은 국민입니다. 그 선봉에 일생을 대한민국을 지키는 데 바쳐온 선배님들이 여기 서 있습니다.

박승춘(前 국방부 정보본부장, 예비역 육군중장)

2004년 7월, 박승춘 당시 국방부 정보본부장은 NLL을 침범한 북한군 함정에 경고사격을 했다는 이유로 사실상 강제 전역당했다. ⓒ조갑제닷컴

敵軍 편 드는 대통령과 장관

　박승춘 장군의 결론이 재미있다. "노무현 대통령은 서해교전에서 NLL을 死守하다 전사한 장병의 추모식에는 한 번도 참석하지 않았고, 서해교전에서 우리 장병 6명을 기습 공격으로 戰死케 한 북한 경비정 등산곶 684호가 다시 NLL을 침범했는데, 대한민국 대통령이 대한민국을 지키기 위해 작전한 우리 군을 사과시키고, 조사하고, 國紀문란자로 몰아 전역시켰다"는 주장은 盧 대통령의 군사적 利敵행위 혐의를 적나라하게 드러냈다. 2004년과 2002년 사건은 비슷하다.

　1. 국군통수권자인 대통령이 국군 편을 들지 않고 오히려 敵軍 편을 들었다는 의심이 생긴다.
　2. 한철용, 박승춘 장군 등 애국군인들이 옷을 벗었다.
　3. 남북한 좌파 정권, 국정원, NSC, 방송 등이 敵軍(적군)의 시각에

서서 國軍을 협공했다. 2004년에 국정원은 자신들의 감청기록을 근거로 하여 국군이 북한군의 정당한 응신을 무시한 것처럼 청와대에 보고했다고 한다.

2007년 이재정 통일부 장관은 NLL을 피로써 지켜낸 국군의 死守정책을 비하하는 발언을 했고, 노무현 당시 대통령은 김정일의 억지에 사실상 NLL을 넘겨주는 평화수역 등의 합의를 하고 와선 'NLL은 우리가 일방적으로 그은 선'이라는 요지의 발언을 했다. 완전히 북한군 입장에서 我軍(아군)을 비난하는 투의 말이었다.

두 차례의 결정적 정보를 묵살한 국방부

2012년 7월호 〈월간조선〉은 2002년 6월29일 참수리호가 북한 경비정의 기습을 받아 격침된 사건 前後 국군의 對北 감시부대가 입수한 북측의 교신 내용을 분석, 김대중 정권의 軍 수뇌부가 저지른 반역적 행동을 생생하게 드러냈다.

2002년 6월13일 對北 감시부대는 북한 해군의 8전대 사령부와 NLL을 넘어 남침한 북한 경비정 간의 교신 내용 중에 매우 중요한 도발정보를 감청했다. 우리 고속정을 목표로 '발포'라는 표현을 한 것이다. 국방부는 그러나 이날의 의도적인 NLL 침범을 '단순침범'으로 평가해 언론에 발표했다. 감시부대는 부대의견으로 관련 부대에 '의도적 침범'이란 평가를 전파하였는데, 국방부는 자신들과 동일하게 '단순침범'으로 수정해 다시 전파하라는 지시를 내렸다.

국방부는 6월20일 기자회견을 자청해 "북한 경비정의 NLL 침범은

전쟁기념관에 전시된 참수리호 모형 ⓒ조갑제닷컴

북한어선 단속차 월선한 것으로서 단순침범"이라며 "서해 NLL은 평온하며 이상이 없다"고 발표했다. '발포'라는 도발용어와 쏠 무기까지 언급된 정보가 보고되었음에도 국방부는 국민들에게 허위보고를 한 셈이다. 對北 감시부대는 기습 이틀 전인 6월27일, 더 결정적인 도발정보를 수집해 국방부에 보고한다. NLL을 또 넘어온 북한 경비정이 북한 8전대 사령부에 '명령만 내리면 발포하겠다'는 취지의 보고를 하는 것을 감청한 것이다. 삼척동자라도 북의 경비정이 기습을 목표로 NLL을 계속해서 침범하고 있다는 사실을 알 수 있었지만 국방부는 또 다시 이 결정적 정보를 묵살, 기습을 불렀다.

사격 중지 명령을 내린 자는 누구인가?

〈월간조선〉은 이렇게 보도하였다.

〈북 경비정 684호와 또 다른 경비정 388호 등 총 2척이 NLL을 월선해 침범하면서 제2연평해전은 시작됐다. (국군이 입수한) 교신 내용에 따르면, 북 8전대사령부는 신천중계소를 통해 오전 10시25분 교전이 벌어지기 약 1시간 전에 이미 "684호 등산곶 동남 4NM 구역 차지할 것"(오전 9시28분), "388호 등산곶 동남 6NM 구역 차지할 것"(오전 9시31분) 등 경비정의 기동지시 구역을 NLL 이남지역으로 지정하고 있어, 명백하게 의도적 도발임을 보여주고 있다.

388호는 우리 고속정 편대(2척)를 유인해 분산시킨 후 안전을 위해 기동하겠다고 8전대에 보고한다. 오전 10시15분 경비정 684호는 교전 직전 8전대 사령부에 "고속정(참수리 357호)이 3NM까지 접근했다"라고 보고했고, 오전 10시20분 경비정 388호가 8전대 사령부에 "고속정 두 척이 대기동하므로 혼란스럽다"고 보고한다. …북 경비정 388호는 684호 뒤쪽으로 빠져서 위치한 다음, 전투상황을 중계했다. 오전 10시25분 8전대 사령부가 "불당소리(注: 포성을 뜻하는 은어) 들리냐"고 하자, 388호가 10시30분 "포성소리 들린다"고 보고한다〉

참수리호를 기습한 북한 해군 388호 경비정도 우리 함정의 응사를 받아 침몰 직전이었다. 이때 이상한 '사격중지 명령'이 내려진다.

2함대사령관으로 제1차 연평해전을 승리로 이끈 朴正聖(박정성) 제독은 여기에 의문을 던진다.

북한軍, 보복 사격이 없을 것임을 안 듯

"의문점은 북한 경비정 684호 단 1척이 우리의 해군 고속정 6척과 초계함 2척 등 총 8척과 대적한다는 것은 중과부적인 상황인데, 북한 경비정 388호가 전투에 가담하지 않고 뒤에서 한가하게 전투상황을 중계했다는 사실이다. 이는 우리 해군이 보복응징 사격, 특히 초계함에 의한 76mm 함포의 보복응징 사격이 없을 것이라는 보장과 확신이 없는 한은 있을 수 없는 상황이다. 공교롭게도 76mm 함포 보복응징 사격이 사격 도중에 중지되고, 그 결과 다 잡았던 북한 경비정은 살아서 돌아갔다."

당시 敵의 기습공격을 받자, 제2차 연평해전 당시 鄭炳七(정병칠) 2함대 사령관(2009년 폐암으로 사망)은 교전수칙에 의거, 보복응징 사격에 나섰다. 초계함의 76mm 함포 50여 발을 때려서 (참수리호를 격침시킨) 북한 경비정을 반 정도 가라앉게 하였다. 이제 50여 발만 더 때리면 敵 경비정을 완전히 침몰시킬 수 있는 상황이었는데, 갑자기 상급부대에서 사격중지 지시가 내려와 사격이 중지된 것이다.

〈월간조선〉에 따르면 박정성 제독은 "당시 중간에 사격중지 명령만 안 내려왔더라면 우리 해군은 제1연평해전 때처럼 대승을 할 수 있었던 절호의 기회였다"면서 "만일 그렇게 했더라면 북한은 제1연평해전 대패 때처럼 전의를 완전히 상실해 더 이상 對南 도발을 못 했을 것"이라 말하였다고 한다. 당시 해전 후 사격중지 명령을 내린 상급부대가 어디인지를 놓고 합참과 해군작전사령부는 서로 책임을 전가하기에 바빴다. 참수리호와 전사자 여섯 명은 김대중 정권과 군

수뇌부의 利敵행위에 의하여 바다 밑으로 가라 앉은 것이다.

김대중과 노무현 정권은 서해 NLL이란 戰場에서 敵軍에 유리하고 國軍에 불리한 交戰수칙, 정보판단, 사후조치를 일관되게 유지하는 한편, 敵軍에 정상적으로 대응한 국군 지휘관들을 문책하고, 利敵행위자를 비호하였다. 이는 형법 제93조 與敵罪(여적죄)에 해당한다. 이들의 행위는 '敵國과 합세하여 대한민국에 抗敵한 자는 死刑에 처한다'는 규정에 정확히 들어맞는다. 김대중과 노무현 세력은, 민족반역자 김정일에게 영혼을 팔고 國益을 넘긴 역적들이었다

[표] 서해 NLL 반역 일지

1999년 6월15일 (제1차 연평해전)	한국 해군, NLL 침범 북한 함정 격침. 勝戰(승전)을 지휘하였던 박정성 당시 2함대 사령관 사실상 좌천된 후 전역. 사건 직후 김대중 정부는 '먼저 쏘지 마라'는 식으로 北에 유리하도록 交戰수칙 개정
2002년 6월29일 (제2차 연평해전)	김대중 정권하의 軍 수뇌부, 북한 해군의 확실한 도발 의도 정보('명령만 내리면 발포하겠다'는 취지)를 입수하고도 도발 의지 없다고 정보를 조작, 기습 허용. 참수리호 격침되고 6명 戰死. 軍 지휘부, NLL을 넘어와 참수리호 공격한 두 척의 북한 경비정을 우리 해군이 격침시키지 못하게 사격중지 명령. 사건 후에도 '우발적 충돌'이라고 북괴군 비호 시도. 도발 정보 입수해 보고했던 한철용 소장(당시 국군 5679부대장)은 징계당한 후 전역. 김대중 대통령은 戰死者 문상도 하지 않고 월드컵 결승전 구경차 일본行
2004년 7월	노무현 정권, NLL 침범한 북괴 경비정(참수리호 격침시킨 함정)에 경고사격 하였다고 국군 수뇌부 문책 압박. 조영길 국방장관 사임하고 박승춘 국방부 정보본부장 사실상 강제전역
2005년 6월	제주~부산 사이의 제주해협을 北 선박이 운항하도록 우리 정부가 허용했으나 北 선박들, 해경 검문에 불응
2007년 10월	노무현, 김정일에게 'NLL 수호 포기 의사'를 전달했다는 의혹이 진행 中. 노무현은 평소에도 'NLL은 영토선이 아니다'라고 강변하며 '땅따먹기' 운운. 남북한 정권은 NLL을 공동어로구역으로 만들어 무력화시키려 하다가 김장수 당시 국방장관의 고집으로 좌절
2010년 3월26일 (천안함 폭침)	親盧 세력과 민주통합당 및 통합민주당 세력은 아직도 北 소행을 인정하지 않거나 인정하더라도 책임을 이명박 정부에 돌림
2010년 11월23일 (연평도 포격)	북한군, 연평도 포격해 민간인과 군인 포함해 4명을 죽임. 민주통합당·통합민주당 및 종북좌파 세력, 북괴군보다 이명박 정부를 더 비난
2011년	민주통합당·통합민주당 및 종북좌파 세력, 북한 해군 활동을 견제하기 위한 제주해군기지 건설 반대

逆賊모의

8

국민행동본부의 노무현 대통령 국가반역 혐의 고발장(全文)

노무현 대통령
국가반역 혐의 고발장(全文)

(2008년 2월)

수 신: 검찰총장

참 조: 공안부장

고 발 인: 국민행동본부장 徐貞甲

피고발인: 대통령 노무현

범죄혐의: 형법상 내란·외환의 죄

고발사실 요지

 피고발인은 취임 이래 대한민국 건국의 정통성과 정당성을 부정하는 언동을 거듭하는 한편 職權(직권)을 남용하거나 職務(직무)를 유기하여 북한정권의 對南(대남)적화노선에 동조하는 정책들을 일관되게 추진함으로써 국가를 위기에 빠뜨렸습니다.

우리 형법은 內亂(내란)의 죄와 관련, 제88조에서 '【內亂(내란)】국토를 僭竊(참절)하거나 國憲(국헌)을 문란할 목적으로 폭동한 자는 다음의 구별에 의하여 처벌한다'고 규정하고 있습니다.

外患(외환)의 죄와 관련, 同法 제92조는 '【외환誘致(유치)】敵國(적국)과 통모하여 대한민국에 대하여 戰端(전단)을 열게 하거나 외국인과 통모하여 대한민국에 抗敵(항적)한 자는 사형 또는 무기징역에 처한다', 제93조는 '【與敵(여적)】敵國(적국)과 합세하여 대한민국에 抗敵한 자는 사형에 처한다', 제99조는 '【일반利敵(이적)】前7條에 기재한 이외에 대한민국의 軍事上利益(군사상이익)을 害(해)하거나 적국에 군사상이익을 공여한 자는 무기 또는 3년 이상의 징역에 처한다'고 규정하고 있습니다.

북한정권은 형법상의 內亂집단이고 국가보안법상의 反국가단체이며 간첩죄 적용시의 準적국입니다. 이를 전제할 때, 피고발인의 집권 이후 일관된 언동 및 정책들은 外患罪 중 一般利敵罪 및 與敵罪에 해당하며, 內亂罪의 경우에도 그를 主犯(주범)으로 한 법리구성과 從犯(종범)으로 한 법리구성 모두 가능하다고 볼 것입니다.

1. 군사적 利敵행위

(1) 피고발인은 북한정권이 핵실험을 한 시점을 택하여 절대다수 국민들의 반대를 무릅쓰고 對北억지력의 핵심인 韓美(한미)연합사 해체 계획을 확정했습니다. 그는 韓美양국이 共有(공유)하고 있는 戰時작전통제권을 마치 미군이 독점하고 있는 것처럼 과장하여 "작통권

還收(환수)"라는 말을 계속 사용하는 등 韓美연합사를 해체하는 순과정에서 反美(반미)를 선동하고 소위 自主(자주)를 내세워 국민을 속여 왔습니다.

△韓美연합사 아래서 共同(공동)결정권을 갖는 한국 대통령이 "어느 시설에 폭격할 것인지도 마음대로 결정 못 한다(2006년 12월21일)"는 말이나, △NATO 등도 韓美연합사와 같은 체제로 운용됨에도 "한국만이 작통권을 갖지 않은 유일한 나라(2006년 12월21일 外)"라는 주장, △韓美연합사 해체로 최소 621조원의 추가비용이 예측되는 상황에서 "작통권 환수로 들어가는 예산은 미미할 것(2006년 8월9일 발언)"이라는 말도 피고발인의 계속되는 거짓말 중 하나였습니다.

(2) 2006년 10월8일 북한의 핵실험은 피고발인의 오판과 방관, 은폐 속에서 가능했습니다. 피고발인은 △"북한의 핵과 미사일이 자신을 지키기 위한 억제수단이라는 주장이 일리 있다(2004년 11월12일 발언)", △"북한이 핵을 개발하는 것은 선제공격용이 아니라 방어용(2006년 5월29일 발언)"이라는 등 북한의 핵무장을 옹호하는 발언을 계속하는 한편, 對北퍼주기를 강화하여 북한의 군비증강을 지원했습니다.

피고발인은 심지어 △"미사일 발사는 미국에 양보를 요구하는 정치적 압박행위(2006년 7월11일 발언)", △"포용정책은 궁극적으로 포기할 일이 아니다. … 지나친 안보민감증도 위험한 것(2006년 10월9일 발언)"이라는 등 북한의 미사일도발과 핵실험 직후에도 對北제재는커녕 북한정권을 두둔하며 퍼주기를 계속해야한다고 나섰습니다.

(3) 피고발인은 그가 견지해 온 반역적 사상의 연장선상에서 2007

년 10월4일 서해북방한계선(NLL)을 가로지르는 海域(해역)에 공동어로구역, 평화수역 등을 설치키로 북한정권과 합의, 수도권 방어의 최일선을 무너뜨리는 시도에 나섰습니다.

이후에도 海上휴전선인 NLL에 대해 "일방적으로 그은 선이다", "영토선이라는 것은 국민 오도(以上 2007년 10월11일 外)"라는 등 주권적 지배가 미치는 '영토(Territory)'를 북한에 양여하고, 주권적 권리와 관할권이 미치는 '배타적 경제수역(EEZ)'을 양보하는 위헌적인 NLL 무력화 선동에 나섰습니다.

(4) 피고발인은 △主敵(주적)개념을 없애 군대의 존립자체를 무의미하게 만들고(2004년 국방백서), △군대를 "썩는 곳"으로, 軍원로들을 "거들먹거린다"고 비방하는(2006년 12월21일 外) 등 反軍선동에 앞장서는 한편, △일방적 減軍(감군)을 선언하고 사병 복무기간을 短縮(단축)했으며, △"미군은 감축해도 된다"고 주장하면서, △정작 국방개혁에 대해서는 "특별히 돈 들것 없다"며 국군과 미군 감축을 보완할 무기 개발 의사가 없음을 드러냈습니다.

피고발인은 △휴전선상의 對北방송을 중단시켜 김정일의 골칫덩어리를 제거하고 북한군인들의 외부 정보원을 없애버렸으며(2004년 6월15일), △북한정권의 군사력 강화에 쓰이는 달러위조 등 국제범죄에 미국이 단속에 나서자 이에 협조하지 않고 사실상 방해했고, △김정일 눈치를 봐가면서 군사훈련을 축소하는 한편 △국군포로와 납북자 송환을 위한 노력은 일체 하지 않았습니다.

(5) 피고발인은 인도적 차원에서 북한에 보낸 쌀이 북한군의 군량미로 쓰이는 것을 알면서도 이를 지속해왔습니다. 피고발인의 지휘·

책임 아래 있는 정부 당국은 對北지원 쌀의 북한군 유출을 지난 5년 간 여러 차례 포착했음에도 이를 묵인해왔으며, 빈번한 남북접촉 과 정에서도 북한에 이의제기는커녕 사실 확인조차 하지 않았습니다. 피고발인은 교전 중인 敵軍(적군)에게 군량미를 대주는 가장 극단적 반역과 利敵행위를 저지른 것입니다.

대한민국에 대해선 적대적이고 主敵인 북한정권에 대해서는 우호 적이었던 이 같은 행태는 △主敵의 내란행위인 對南적화공작을 방조 하는 것인 한편 △대한민국의 군사상이익을 害하고 主敵의 군사상이 익을 공여하고 △적국과 합세하여 대한민국에 抗敵한 것으로 볼 수 있을 것입니다.

2. 憲法과 法治에 대한 정면 도전

(1) 헌법수호가 第一(제일)임무인 대통령의 헌법파괴는 대통령이 범 할 수 있는 가장 큰 범죄일 것입니다. 피고발인은 反국가단체인 북한 정권이 '민족해방인민민주주의혁명(NLPDR)' 노선 아래 '국보법폐지- 미군철수-연방제'라는 內亂 선동을 지속해왔음을 잘 알 수 있는 職責 (직책)에 있으면서도, 북한의 對南노선에 동조하면서 특히 國體(국체) 와 관련되는 헌법의 심장 제1, 3, 4조를 집중적으로 위반해 왔습니다.

(2) 피고발인은 赤化로 가는 연방제-연합제 혼합방식의 통일방안 을 추진했습니다. 그가 주장하는 연합제는 헌법 테두리 내 남북연합 이 아니라 헌법을 위반한 국가연합입니다. 이는 2004년 2월24일 발 언에 나오듯, 남북한을 각기 "地方政府(지방정부)"로 상정한 개념으로

서 북한을 국가로 인정해선 안 된다는 헌법의 명령을 무시한 것입니다. 피고발인의 위헌적인 통일발상은 북한식 연방제를 수용한 6·15선언 실천과 이를 再수용한 2007년 10·4선언으로 이어졌습니다.

(3) 피고발인은 "한국에서도 공산당이 허용될 때라야 비로소 완전한 민주주의가 될 수 있다고 생각한다(2003년 6월10일)"고 말한 데 이어 헌법재판소와 대법원이 국가보안법의 합헌성을 확인한 직후 "독재시대의 낡은 유물은 폐기하고 칼집에 넣어서 박물관에 보내는 것이 좋지 않겠는가(2004년 9월5일)"라며 국보법 폐지를 선동, 헌법정신과 國體를 모독했습니다.

(4) 피고발인은 민주화운동보상위원회가 간첩전력자를 비롯해 확정판결을 받은 각종 反국가단체, 이적단체, 金日成주의조직(소위 主思派조직), 공산주의혁명 연루자들을 민주화운동가로 인정하여 국민세금으로 보상, 기념하고 있는데도 이를 적극적으로 지원함으로써 司法(사법)제도를 훼손하고 法治(법치)를 파괴했습니다.

(5) 피고발인은 국보법 철폐-미군철수-연방제라는 북한의 對南적화노선을 추종해 온 친북좌파단체의 무장폭동을 事前에 저지할 수 있었음에도 방치했을 뿐 아니라, 事後에도 엄정한 법집행을 하지 않았습니다. 평택 무장폭동 때는 군인이 방패만 갖고 나가도록 하여 좌익무장폭도들로부터 군인이 얻어맞고 도망 다니게 했습니다. 不法폭력시위를 엄정진압한 경찰청장을 물러나게 했으며, 국무총리가 불법적인 좌익무장폭동과 경찰의 합법적 진압을 同格(동격)으로 놓고 兩非論(양비론)을 펴도 이를 방치했습니다.

(6) 피고발인은 헌법 개정 사안인 수도이전, 즉 遷都(천도)를 신행

정수도로 포장하여 국민들을 속이려다가 헌법재판소에 의하여 위헌결정이 나자, 이를 포기하지 않고 수도를 분할하는 행정복합도시로 변형시켜 추진, 국가 정통성의 상징인 수도의 권위를 떨어뜨리고 국가운영의 효율성을 약화시켰습니다.

(7) 피고발인은 자신과 측근들의 부패혐의에 대한 검찰의 수사가 진행되자 대통령 재신임 국민투표를 제안했습니다. 대통령의 재신임을 국민투표에 묻는 것은 違憲(위헌)인데도 이를 강행하려다가 국회의 탄핵의결을 당했습니다. 헌법재판소는 이 행위를 헌법위반으로 규정하고 경고조치했으나 그 뒤에도 피고발인은 반성 없이 헌법위반 행위를 계속했습니다.

(8) 피고발인은 공개연설에서 대한민국 건국을 "분열정권 수립", 헌법을 "그놈", 보수적 국민들을 "별놈"이라고 모욕하면서도, 2003년 訪中 시에는 2000만을 학살한 모택동을 존경한다고 말하고, 2007년 10월 訪北 시에는 700만을 학살한 김정일의 무병장수를 기원했습니다. 피고발인의 이 같은 헌법파괴행위는 △主敵의 내란행위인 對南적화공작을 방조하는 것인 한편 △대한민국의 군사상이익을 害하고 主敵의 군사상이익을 공여하고 △적국과 합세하여 대한민국에 抗敵한 것으로 볼 수 있을 것입니다.

3. 간첩과 공산주의자 비호

좌경적 사상에 충실했던 피고발인은 전향 여부가 불분명한 386주사파 출신 공산주의자 등 親北利敵(친북이적)전력자들을 대거 등용했습니다. 그는 이들로 하여금 國家機密(국가기밀)과 國家豫算(국가예산)을 다루게 하는 한편 국가주요 정책의 입안과 추진에 관여케 하여 북한정권에 이롭고 대한민국에 위태로운 활동을 하도록 했습니다.

피고발인은 특히 △북한의 對南공작원으로 확정판결된 송○○에 대한 검찰수사를 방해할 목적으로 국회연설을 통해 선처를 주문하는 방식으로 압력을 행사하고(2003년 10월13일), △改悛(개전)의 情이 전혀 없는 재범간첩 민○○가 刑期(형기)의 반밖에 채우지 않았는데도 그를 직접 사면 복권시켜 석방한 뒤 북한방문을 허용했으며(2005년 8월 15일), △조총련 소속 거물간첩 박용의 국내입국을 허락, 反국가활동의 자유를 부여했습니다(2005년 8월15일).

피고발인의 이 같은 행위는 △主敵의 내란행위인 對南적화공작을 방조하는 것인 한편 △적국과 합세하여 대한민국에 抗敵한 것으로 볼 수 있을 것입니다.

4. 反국가·利敵단체 등 지원

피고발인은 △한총련 등 이적단체가 주도한 소위 금강산 南北공동행사에 통일부가 억대의 후원을 지속케 함으로써, '국가변란을 목적으로 한 反국가단체인 북한에 동조하는 조직'으로 判示(판시)돼 온 이적단체의 국가변란을 간접 지원했고, △실천연대 등 각종 친북단체에 정부기관을 통한 억대의 지원에 나섬으로써 대한민국의 친북좌경화를 구조적으로 심화시켰습니다.

피고발인은 △전교조의 선군정치 찬양(2006년 3월 外)과 같은 각종

反美親北(반미친북)교육을 방치하고, △간첩·빨치산 추모제(2007년 10월 광화문) 등 도심에서 벌어지는 각종 反국가행사들을 방관해왔을 뿐 아니라, △친북좌파세력과 경찰이 서울시내에서 태극기 게양을 방해하는 것을 적극적으로 비호하는 등(2005년 8월 外) 국가기강 파괴행위들을 방관, 조장해왔습니다.

　피고발인의 이 같은 대한민국 정체성 및 정통성 훼손행위들은 △主敵의 내란행위인 對南적화공작을 방조하는 것인 한편 △적국과 합세하여 대한민국에 抗敵한 것이라고 볼 수 있을 것입니다. 따라서 피고발인에 대한 형법상 내란·외환의 죄 성립 여부를 조사하여 줄 것을 요청합니다.

趙甲濟 기자의 라이프 워크

朴正熙 傳記 (全13권)

한 근대화 혁명가의 비장한 생애

23% 할인 판매!
총액 128,700원 → 100,000원

가장 감동적인 인간 드라마

趙甲濟의 現代史 이야기 (全13권)

35% 할인 판매! 총액 159,000원 → 110,000원

1. 조선총독부, 최후의 인터뷰
2. 김대중의 正體
3. 盧泰愚 육성회고록
4. 우리는 왜 核폭탄을 가져야 하는가?
5. 金賢姬의 전쟁
6. 김기철氏는 왜 요절했나?
7. 공수부대의 광주사태
8. 惡魔와 천사
9. 공산주의를 허문 8人의 決斷(결단)
10. 2012년까지 북한정권 무너뜨리기
11. 一流 국가 紀行
12. 이스라엘式으로 살기
13. '反骨기자' 趙甲濟

조갑제닷컴
CHOGABJE.COM & NATIZEN.COM

주문 전화 02-722-9411~3 국민은행 360101-04-065553 (예금주 조갑제)으로 입금한 후 연락주십시오. chogabje.com 홈페이지에서도 결제 가능

逆賊 모의
김정일 앞에서 노무현은 이렇게 말했다!

지은이 | 趙甲濟
펴낸이 | 趙甲濟
펴낸곳 | 조갑제닷컴
초판 1쇄 발행 | 2012년 11월 16일
개정판 1쇄 발행 | 2013년 6월 26일
개정판 2쇄 발행 | 2017년 1월 19일

주소 | 서울 종로구 새문안로3길 36, 1423호
전화 | 02-722-9411~3
팩스 | 02-722-9414
이메일 | webmaster@chogabje.com
홈페이지 | chogabje.com

등록번호 | 2005년 12월2일(제300-2005-202호)
ISBN 978-89-92421-87-4-03340

값 10,000원

*파손된 책은 교환해 드립니다.